AF622873

Días para ser gato

Otros libros del autor en Duomo:

En mi casa no entra un gato

PEDRO ZUAZUA GIL

Días para ser gato

Duomo ediciones
Barcelona, 2022

© 2022, Pedro Zuazua Gil

© 2022, de esta edición: por Antonio Vallardi Editore S.u.r.l., Milán
Todos los derechos reservados

Primera edición: abril de 2022

Duomo ediciones es un sello de Antonio Vallardi Editore S.u.r.l.
Avda. Riera de Cassoles, 20 3.° B. 08012 Barcelona (España)
www.duomoediciones.com
Gruppo Editoriale Mauri Spagnol S.p.A.
www.maurispagnol.it

Mía, Atún, Pedro y Duomo quieren agradecer
la generosa colaboración de Alma Guillermoprieto, Antonio Lucas
y Carlos Hernández Lahoz.

Imágenes del interior del libro: Cortesía de Pedro Zuazua; Ángela Rico Alonso (pág. 71); © Rosa Copado (págs. 35 y 221).

ISBN: 978-84-17128-52-4
Código IBIC: FA
DL B 4.725-2022

Diseño de interiores:
Agustí Estruga

Composición:
Grafime

Impresión:
Grafica Veneta S.p.A. di Trebaseleghe (PD)
Impreso en Italia

Queda rigurosamente prohibida, sin la autorización por escrito de los titulares del copyright, *la reproducción total o parcial de esta obra por cualquier medio o procedimiento mecánico, telemático o electrónico –incluyendo las fotocopias y la difusión a través de internet– y la distribución de ejemplares de este libro mediante alquiler o préstamos públicos.*

A mi madre,
que de mayor quería ser gato

Prólogo

Todos los animales vivos –las cucarachas, los osos panda, tú, yo– somos fascinantes por el simple hecho de nuestro existir improbable. Algunos –los osos panda– además son adorables. Los gatos, en cambio, son un regalo milagroso. Tigres en miniatura que se dedican a cazar motitas de polvo en los rayos de sol que entran por la ventana; bestezuelas absurdas que se sientan a lamerse con una pata alzada detrás de la oreja, y que te miran con cara de ofendidos cuando te ríes de lo ridículos que son; bufandas de terciopelo ronroneante que se te enroscan en el cuello cuando te acosa un frío profundo en el alma; animalitos que consuelan con el simple espectáculo de su belleza radiante y siempre nueva... Nada se puede comparar con el privilegio de convivir con uno.

Hay quienes dicen que no les gustan los gatos. No los conocen. O, quizás, les falta conocerse un poco más a sí mismos. Así, Pedro Zuazua, que estuvo en peligro de pasarse la vida entera sin enterarse de que su verdadero yo es un ser que ama a una gata –o, como descubre en este nuevo libro, a los gatos, que por ahora son dos–. Quizás en el tercer volumen de sus aventuras gatunas se nos aparezca con cinco, porque cuantos más gatos, más felicidad.

Por ahora, lo que nos ofrece es la posibilidad de convivir a diario con Mía y Atún, dos compañeros de su vida observados con tanto detalle y ternura que leer este texto es casi tan bueno como tener un gato.

ALMA GUILLERMOPRIETO

¿Dos mejor que uno?

«Si quieres escribir acerca del ser humano,
ten un par de gatos en casa.»
ALDOUS HUXLEY

Entre la felicidad de mi gata o ser una persona de palabra, elegí lo primero.

En junio de 2016, después de repetir por activa y por pasiva a todo el que quisiera escucharme que en mi casa no entraba un gato, apareció Mía. Aquel ser minúsculo, adorable y juguetón transformó mi vida de una forma que nunca hubiera imaginado. No es un lugar común: desarrollé un amor por los animales que no sabía que existía, pasé a ser un inquilino en mi propia casa, escribí un libro que se vende en varios países y, sobre todo, me convertí en el número de teléfono preferido de todas las personas que conozco que entraban en contacto con un gato. Da igual el tipo de relación. ¿Que quieren adoptar? Me escriben. ¿Que se cruzan con uno por la calle? Me escriben. ¿Que les llega un vídeo, una foto o un montaje? Me lo reenvían. Desde junio de 2016, el 80 % de las imágenes que tengo en mi móvil son de gatos. La gente que investiga lo que hacemos con nuestros teléfonos debe de estar flipando.

Al mismo tiempo que Mía se hacía con el control del hogar, se iba consolidando una rutina bastante placentera para los dos. Superadas las primeras semanas, en las que llegar a casa era una lotería de pequeñas novedades en forma de destrozos, comenzamos a sentar las bases de un idilio desigual: yo me moría de amor por ella y ella me hacía caso cuando le daba la gana. Y eso hacía que la quisiera todavía más. Porque así es como funcionan la vida, en general, y el amor, en particular.

Al regresar del trabajo, salía a recibirme a la puerta. Se tumbaba boca arriba y reclamaba caricias. Después de cenar, cuando me echaba en el sofá, venía, se subía sobre mi barriga y comenzaba a amasarme con sus patas delanteras. Hay personas que siempre están persiguiendo unos abdominales de acero. Si van a adoptar un gato, es más recomendable tener un poco de tripa, porque es blandita y la pueden amasar a su gusto. Se me olvidó incluir este cambio vital en el párrafo inicial: antes tenía los abdominales marcados y un cuerpo escultural. Que no, que es broma. Ya venía muy bien equipado de serie para tener una gata.

Tras un rato amasando, posaba sus dos zarpas delanteras y se quedaba dormida sobre mi pecho mientras ronroneaba. Le acariciaba la barbilla y la coronilla –a los gatos les encanta que les acaricien las partes que ellos no pueden lamerse– y me quedaba frito. Me iba a la cama y, al rato, venía ella. Solía instalarse en una de las esquinas. Allí pasaba la mitad de la noche. A veces hacía una excursión nocturna en la que no tenía en cuenta que había alguien más en la cama. Otras, se bajaba y comenzaba a dar con la pata en la puerta del armario, pidiendo insistentemente que se lo abriera. Entraba y se quedaba allí dormida hasta que amanecía.

Por las mañanas, me vigilaba en la ducha. Después, me acompañaba a ver cómo le servía la comida. Antes de que saliera de casa, se colocaba en el rincón de esperar los premios. Cuando cerraba la puerta, me ponía esa cara que solo los gatos saben poner y con la que no sabía si me estaba echando en cara que tuviera el valor de dejarla sola todo el día o si, en realidad, estaba a punto de cerrar el puño, doblar el codo y traer el brazo hacia dentro, al tiempo que decía «¡Toma, por fin sola!».

Precisamente ese, el de la soledad, era el único motivo que hacía que me planteara adoptar otro gato. Viajo bastante por cuestiones de trabajo –a veces una semana entera– y, aunque soy afortunado de tener muy buenos amigos que desfilaban a diario por casa y que incluso se quedaban a dormir, me agobiaba pensar en todos los ratos que Mía pasaba sola.

Durante mucho tiempo, los supuestos inconvenientes de meter otro gato en casa pesaron más. Me aterraba la reacción de Mía. Una gata moderadamente feliz, dueña de su espacio, adaptada a sus rutinas... la reina de la casa, vaya. Ya estábamos hechos el uno al otro. A menudo representábamos esa típica escena de una persona leyendo en el sofá, una tarde de domingo, con la gata durmiendo a sus pies hecha un ovillo. Solo nos faltaba la chimenea.

Tres años estuve repitiendo la frase «En mi casa no entra otro gato» a todas las personas que me preguntaban si no iba a adoptar un hermano o hermana para Mía. Quizá porque ya había demostrado la volatilidad de mi palabra, percibía cierta sonrisilla irónica cuando me escuchaban. El más directo era mi amigo Bilbo, que siempre decía: «Se empieza por uno...». (Bilbo, por cierto, tiene un hermano que se llama Frodo. No es un dato que tenga nada que ver con los gatos, pero es curioso).

Todas las personas que compartían su vida con gatos me hablaban de las bondades de tener (al menos) dos, de la compañía que se hacían, de lo mucho que jugaban, de que cuando te vas de viaje no se quedan tan solos... Me recordaba a mis últimos momentos de resistencia antes de adoptar a Mía. Seguía diciendo que no con la boca, pero mi subconsciente ya sabía cuándo y cómo. Otra cosa es que me negara a reconocerlo. Pero por tener, tenía ya claro hasta el nombre.

Los viajes aumentaban. Y el influjo de los gatos es inexorable. Mi entorno se dividía entre los que lo veían claro y los que pensaban que era un poco chaladura. Mi amiga Bárbara y mi televeterinaria Vero insistían en que lo hiciera. Mi madre decía que ni se me ocurriera. Creo que la pobre me veía viviendo con ochenta gatos. Yo cambiaba de idea según el día: unos, me mostraba decidido; otros, me echaba atrás y decía que ni de coña.

Pensaba en la lata que sería limpiar dos areneros, acarrear dos transportines, comprar dos tipos de comidas, aguantar el periodo de adaptación, el riesgo de que te salga un gato terrorista, la castración... Pero luego veía la carita de Mía cada vez que cerraba la puerta de casa con la maleta en la mano y pensaba que a lo mejor no estaba tan mal darle un poco de compañía. En una especie de embudo mental, todas las preocupaciones se fueron reduciendo a una: ¿no le destrozaré a la pobre la existencia?

Pero la vida es ir avanzando. Cuando tenemos una situación medianamente controlada, tendemos a complicarnos (entiéndase que estamos hablando de adoptar otro gato y que se da por hecho que hay otras formas mucho más interesantes de complicarse la vida y también de que se la compliquen a uno sin quererlo). De otra forma, sería todo muy aburrido.

Casi cuatro años después de la llegada de Mía, comencé a buscarle un hermano.

Cuando el pequeño Atún cruzó la puerta de casa, recordé la frase de Hemingway: «Un gato solo conduce a otro gato».

Los tres estábamos a punto de empezar una nueva vida.

La odisea de adoptar un gato

«Un hombre que está en una habitación
con un gato, digamos lo que digamos
sobre ese hombre, no está solo.»
TIM KREIDER

Cada vez que pienso en el proceso de adopción de Atún me acuerdo de un poema de Ángel González que empieza así:

Para que yo me llame Ángel González,
para que mi ser pese sobre el suelo,
fue necesario un ancho espacio
y un largo tiempo:
hombres de todo mar y toda tierra,
fértiles vientres de mujer, y cuerpos
y más cuerpos, fundiéndose incesantes
en otro cuerpo nuevo.
Solsticios y equinoccios alumbraron
con su cambiante luz, su vario cielo,
el viaje milenario de mi carne
trepando por los siglos y los huesos.

Para que Atún llegara a casa, fueron necesarias todas esas cosas que cita el poeta. Y alguna más, en realidad. Vayamos al inicio de la historia.

Recurrí, por supuesto, a mi amiga Bárbara, que fue quien trajo a casa a Mía. Aquello, más que una adopción, fue una colocación. Bárbara es una colocadora de gatos con el sello oficial de la Asociación de Colocación Internacional de Gatos. Estuvo enjaretando gatos durante años hasta que por fin ella se decidió a adoptar a la pequeña Sombra.

Partíamos de la base de que quería un macho –las veterinarias a las que consulté me dijeron que era mejor– y que prefería que fuera un cachorro –también señalaron que la aceptación sería más fácil–. Obviamente quería que fuera adoptado (no compres, adopta). Así que empecé un proceso totalmente desconocido: el de la búsqueda activa de un gato.

En los primeros días llevé a cabo una especie de estudio de mercado. Busqué asociaciones, anuncios, publicaciones en redes sociales... Y todos me parecían guapísimos, buenísimos y simpatiquísimos, con lo cual se trataba de un estudio de mercado que no valía para nada, porque los hubiera adoptado a todos.

Después, empecé a hacer una criba. Lo primero era que estuvieran testados y sanos en lo que a enfermedades contagiosas se refiere –al buscar un compañero para Mía, era un detalle importante–. Después, intentaba que estuvieran en un radio de unos pocos kilómetros, para facilitar la recogida.

Comenzamos a enviar mensajes a asociaciones y a personas que anunciaban la posibilidad de adoptar gatos. Cada día, Bárbara me hacía llegar las fotos que le enviaban. Y sucedía una cosa muy extraña: cada vez que preguntábamos por un gato en concreto, ya estaba adoptado. Nos pasamos como unas dos semanas viviendo situaciones muy absurdas en las que preguntábamos por gatos, nos enviaban fotos y, cuando decíamos que nos lo quedábamos, nos contestaban que ya estaban reservados.

Bárbara: Mira, yo no entiendo nada, de verdad. Me mandan fotos y luego me dice que no están disponibles. ¿Para qué puñetas me las mandan?

No había manera de avanzar, así que ampliamos el radio de acción y decidimos que tampoco pasaba nada si era una hembra. Así apareció Yuca, la primera candidata. Era una gata atigrada, con cara de pilla. Intercambiamos varios mensajes con la persona que la tenía y, cuando parecía que todo avanzaba, de repente nos escribió para decirnos que ya la habían adoptado, pero que tenía otra, por si la queríamos.

Yo: Pues dile que sí.

Bárbara: Paso. ¿Qué más da que le diga que sí? Si es que cuando diga que sí a esta, nos van a decir que ya está cogida. Y no me voy a poner a discutir. Le digo que vamos a buscar otras opciones y que gracias de todas formas.

A esas alturas, todavía conservábamos un poco el humor y el ánimo para seguir preguntando.

Y entonces apareció Derek. Era un gatito guapísimo. Tenía las orejas negras, la barriga blanca y el lomo y la cara grises. Parecía que llevaba un antifaz.

Yo: ¿Cuántos meses tiene? ¿Es cariñoso?

Bárbara: Dice que tiene tres y que es muy cariñoso y muy bueno.

Yo: Pues venga, adelante. Que nos mande más fotos.

Bárbara: Vale, me dice que tenemos que quedar en la clínica con la familia de acogida. Que te mandan un correo con la información.

Yo: Es guapín, Atún, ¿no? (Para mí ya se llamaba Atún, claro).

Bárbara: Guapísimo. Con gafas.
¿Te da miedo? ¿O pena?

Yo: A ver, me da pena por Mía en el plazo corto,
pero creo que luego va a ser mucho mejor.

Bárbara: Vaya nervios.

Esa misma noche me llegó un correo de la asociación en el que concretaban la cita en la clínica veterinaria para el siguiente viernes. Allí recogería a Atún. Además, debía entregar firmado un contrato que me habían enviado. Era un documento un poco draconiano –que decía, por ejemplo, que Atún pertenecería siempre a la asociación y que lo podrían recuperar en cualquier momento si incumplía alguna de las cláusulas–, pero entiendo que, con la cantidad de personas malas que hay por el mundo, es mejor pecar de cuidadosos en estos temas. Aunque no me gustaba la idea del contrato, no me suponía ningún problema porque no tenía pensado incumplir ninguna de las normas.

Después, me pidieron venir a ver la casa o, en su defecto, que les enviara fotos de las ventanas. También de los espacios habilitados para el gato. Con lo maniático que soy, en realidad era la asociación la que debería haberse preocupado de que no les quitara yo a ellos la custodia de sus gatos.

En paralelo, iba informándome sobre las necesidades de un segundo gato.

Yo: El viernes lo recojo. ¿Qué tengo que comprar? Para cuando llegue a casa.

Vero: ¡¡¡Feliway Friends!!! Y arenero, comedero y bebedero independiente. ¡¡¡Y asegúrate de que está testado de leucemia e inmuno!!!

Yo: Sí, sí, viene ya con la primera vacuna.

El miércoles por la noche, Bárbara me llamó y me dijo que me traía un arenero para Atún. «Tardo media hora», me dijo. En esa media hora, escribí a la asociación para preguntarles si querían que les llevara el contrato firmado el viernes o si preferían que se lo enviara por correo electrónico. Su respuesta me descolocó por completo.

«Derek ya está adoptado», me contestaron.

Justo entonces llamó Bárbara al telefonillo. Apareció con el arenero en la mano, encantada de la vida pensando que al cabo de dos días Atún estaría en casa.

Yo en ese momento estaba discutiendo por teléfono con la persona de la asociación. No entendía que tuviéramos una cita para el viernes, que me hubieran dicho que estaba todo bien y que, de repente, a una pregunta mía sobre el procedimiento, me informaran de que el gato que me habían asignado ya no iba a venir a casa.

Me cabreé mucho. Hasta tire el móvil contra el sofá. (Es decir, que era un cabreo racional, porque sabía que el móvil no se iba a romper al chocar contra un cojín).

Yo: Ahora me dicen que ya se lo han dado a otra persona. Y había quedado con ellos para recogerlo el viernes. Es que no entiendo nada. En fin...

Vero: Joder... No conozco a nadie que haya logrado adoptar a un gato de una asociación. 😟😟😟😟

Yo: Tengo un cabreo...

Esa misma noche, contactamos con otra asociación. Nos mandaron una foto, les dijimos que sí. A la mañana siguiente, nos dijeron que no.

Ya no sabía si estaba triste o enfadado. Informé de la nueva negativa a Vero.

Vero: ¿Ves? Yo creo que se los comen.

Yo: Creo que se me va pasando el cabreo, pero no sé si quiero adoptar.

Vero: ¿Por? ¿No quieres un hermano para Mía?

Yo: No es que no quiera, es que parece imposible encontrar uno.

Envíe un correo electrónico a las diferentes asociaciones con las que había estado en contacto, diciéndoles que no me parecía serio y blablablá. Me contestaron muy educadamente que lo sentían mucho, que no sabían lo que podía haber pasado y que, si seguía interesado, me enviaban más opciones de adopción. Les dije que no, claro.

Dos días después, ya hacíamos bromas sobre el tema:

Yo: ¿Tú qué crees que estará haciendo Derek ahora? ¿Sabrá que estuvo a punto de llamarse Atún?

Bárbara: Yo creo que esto es cosa de Mía, que está moviendo sus superpoderes para no tener hermanos.

Una mañana, estando en Berlín por cuestiones de trabajo, me llegó un mensaje de Bárbara:

«Métete en la página web de Apama Almuñécar, que es la asociación de la sobrina de Lucía (una amiga nuestra)».

Fue la primera vez en mi vida que vi a Atún. Salía dormido, tumbado sobre su zarpa delantera izquierda.

Yo: Ay, qué pequeñín. Qué rico es.

Bárbara: Le digo que lo queremos. A tomar por saco. Llevamos un mes y medio con este tema. Se lo digo y ya está.

Yo: Pregunta si está testado y si es bueno.

Bárbara me envió un pantallazo de su conversación que

ponía: «Es un amor, superbueno, cariñoso a rabiar, con otros gatos genial, y con perros también».

Y entonces hice una pregunta que, a día de hoy, no sabría explicar...

Yo: ¿ES SORDO?

No tengo ni idea de por qué pregunté eso, ni de dónde saqué semejante ocurrencia.

Me enviaron un par de fotos más y me dijeron que Atún llegaría a Madrid el siguiente miércoles. Lo traería la propia Lucía, que había ido a pasar unos días a Almuñécar.

Con los antecedentes que manejábamos, no me atrevía a dar por hecho que Atún fuera a convertirse finalmente en Atún, pero esa misma noche la asociación publicó una foto suya en Instagram diciendo que se iba a vivir con Mía. Hasta hice un pantallazo por si acaso se arrepentían.

El miércoles, bajé hasta la estación de Atocha a esperar a Lucía. Apareció con el transportín en la mano. Me dijo que se había portado genial en el viaje. No recuerdo qué hice primero, si saludarla a ella o mirar a Atún. Pero sí recuerdo los nervios en el metro de camino a casa. Y también la sensación de subir las escaleras con el transportín en la mano. Estaba ilusionado. También tenía miedo. Una vez que abriera la puerta, no habría marcha atrás.

A las 21:32 minutos del 19 de junio de 2019 –dos años y trescientos sesenta y tres días después de que llegara Mía– Atún hacía su entrada en nuestro hogar. Sospecho que no era consciente de la cantidad de casualidades que se habían dado para que se convirtiese en Atún. El único y genuino.

Los primeros días de Atún

«El código de los gatos es
simplemente tomar lo que viene.
"¡Vive, vive!", abuchean.»
ALASTAIR REID

La entrada en casa fue un contraste de sensaciones. Él venía muy tranquilo. Yo estaba bastante acongojado. Me preocupaba mucho su bienestar y su tranquilidad, pero más la de Mía.

Como buen hipocondriaco, había preguntado a todas las veterinarias que conozco sobre la mejor forma de juntarlos. Y surgió un problema: unas me decían que hiciera una presentación gradual, de tal manera que se pudieran ir adaptando poco a poco. Otras, por el contrario, me decían que lo soltara el primer día y que ya vería cómo se apañaban perfectamente. ¿Solución? Tiré por la calle de en medio.

Cuando llegué, dejé a Atún en su transportín en el centro del salón. Mía lo miraba como diciendo «¿Quién es este?», pero no gruñía ni bufaba. Atún miraba a todos lados preguntándose «¿Quiénes son estos?», pero ni tan siquiera maullaba. «Vamos bien», pensé. Al ir a recoger a Atún para llevarlo a la habitación, Mía soltó un bufido. «No vamos tan bien», recapacité.

Hice un vídeo para enviárselo a Vero.

Vero: ¡Madre mía! Las películas de Tim Burton al lado de tus vídeos son una explosión de luz. No veo nada, pero si le ha bufado, sepáralos y mañana más.

Seguía sus instrucciones al pie de la letra. Y le iba retransmitiendo todo lo que sucedía.

Yo: Ahora Mía está bufando junto la puerta de la habitación. No deja de vigilar la puerta.

Vero: Pues sepáralos, Feliway hasta que deje de bufar por el olor.

Yo: Pero es normal, ¿no?

Vero: ¡Claro que sí! Va a salir genial.

Yo: Y cuando bufa no me hará nada a mí, ¿no? Es que me pone una cara...

Vero: A ver... Hay un tipo de agresividad que se llama redirigida... Como no puede atacar al gato, ataca a otra persona... Cuidadín...

Aquí ya empezaba a darme cuenta de que el día había tenido demasiadas emociones y de que era mejor que me fuera a dormir.

Yo: Entonces lo dejo solo, ¿no? Quiero decir, entro a verlo un par de veces más y apago la luz, ¿no? (Entiéndase esto como un ejercicio de empatía hacia Atún, que era la primera noche que pasaba solo en su vida).

Vero: Sí, con comedero, bebedero, arenero... y tranquilo.

Yo: La verdad es que ni *gurguta*, el pobre.

Vero: Qué buenín.

Yo: Ya le he apagado la luz. No entro más a verlo, ¿no?

Vero: ¿Quieres hacer el favor de irte a dormir?

Yo: Vale, pero que sepas que Mía me está dando la espalda.

Vero: No me extraña...

Dejé a Atún en la habitación, con su arenero, su comedero, su bebedero y sus juguetes. Los juguetes eran todos de Mía, claro, pero a él no parecía importarle. Agradezco enormemente todos los consejos que recibí a través del perfil de Instagram de Mía. La comunidad gatuna es muy solidaria y empática.

La primera noche, Mía hizo como si la otra habitación no existiera. Tal vez pensaba: «Si me concentro mucho, ese gato enano que acabo de ver desaparecerá». Por la mañana, cuando me vio entrar en la habitación, la cosa cambió. Atisbó a Atún desde lejos y se puso a gruñir y a bufar. A Atún esas cosas parecían importarle bastante poco. Cada vez que entraba en la habitación, él estaba repantigado encima de la cama, encantado de la vida.

Vero: ¿Qué tal la primera noche de Atún?
¿Cómo ves a Mía?

Yo: Atún muy bien. Ahora está maullando. Me da pena dejarlo ahí todo el día, pero volveré a la hora de comer. A Mía la veo más asustada que enfadada, la verdad. A veces se pone tumbada mirando a la puerta de la habitación, pero cuando entro y salgo, se esconde. Pero tampoco es que esté muy tensa. Ha dormido donde siempre.

Y aquí añadí un detalle técnico de gran importancia sobre Atún: «Caga como un elefante».

La segunda noche fue un drama. Mía se dedicaba a bufar y gruñir al lado de la puerta. Cada vez que salía de la habitación, me la encontraba allí como si la hubiera puesto el Ayuntamiento, preguntándome con cara de juez cuánto iba a durar la broma y lanzándome mensajes subliminales sobre la inutilidad de tener otro gato en casa. Me daba mucha rabia. Hacía un ruido que no le había oído nunca y que, al parecer, es el mayor ruido de enfado de los gatos. Es como un gruñido que les sale de las entrañas y que da mucho miedo. No me atrevía a acercarme a ella. Y estaba muy agobiado. Pensaba que me había equivocado y que le estaba destrozando la vida a mi gata. (Así, muy comedido en mis apreciaciones).

Yo: Mía tiene un bajón...
Me da pena.

Vero: 😂😂😂😂😂😂😂😂

Vero: Piensa que seguramente luego
estará mejor. No va a estar tanto tiempo sola.

Yo: *Pobritina* Mía...

Ver 🤦‍♀️🤦‍♀️🤦‍♀️🤦‍♀️🤦‍♀️🤦‍♀️🤦‍♀️

Yo: A ver si se va a deprimir.
Y luego con ansiolíticos...

Vero: No doy crédito… Ella no tiene que probarse los bikinis del año pasado así que no se va a deprimir.

Vero: Dale tiempo que luego va a estar mejor, te lo prometo.

Yo: Ayer por la noche pensaba que había tomado una decisión malísima.

Vero: ¡No! Yo veo ahora a Chloe (su primera gata) y está feliz.

Yo: Ay… (Léase como un suspiro dramático. MUY dramático).

Vero: No seas bobo… es cuestión de tiempo.

Me quejaba bastante, pero la cosa iba objetivamente bien. Al día siguiente por la mañana vino Goyo a casa para conocer a Atún. Aprovechando que Mía se metió en mi cuarto, cerré la puerta y dejé al pequeñajo libre por la casa. Después de un rato enredando, lo devolví a su cuarto y solté de nuevo a Mía, que se puso a olerlo todo y a vigilar de nuevo la puerta. No bufaba.

El tercer día todo cambió. Atún empezó a sacar las patitas por debajo de la puerta. Era una escena muy tierna. Mía se acercaba y hacía ese gesto tan característico de los gatos de acercar la zarpa con un leve arqueo, desde arriba, para tocar algo y separarse inmediatamente. No quería trepanarlo, quería tocarlo. Envié el vídeo a Vero y su respuesta me llenó de optimismo: «¡Esto va muy bien!».

Al cuarto día comprobé que Mía ya no bufaba cuando le daba a oler juguetes de Atún, así que me decidí a dejarlo a ratos en el salón dentro del transportín. Mía lo miraba con curiosidad y bufaba más bien poco. Atún, eso sí, no callaba. Tenía ganas de salir de allí.

A todo esto, mis amigos –todos ellos expertos en gatos, por supuesto– debatían sobre la mejor forma de hacer la presentación.

El quinto día me levanté de mal humor. Con un poco de resaca, vaya. Oí maullar a Atún y pensé «¿Qué demonios?» (en realidad pensé «¿Qué cojones?», pero eso no lo puedo decir aquí). Fui a la habitación, abrí la puerta y lo dejé libre. Salió a la carrera. Mía huyó despavorida al ver aquel ser diminuto que corría hacia ella con tanta pasión.

Pero no pasó nada. Hubo un par de bufidos y algún gruñido. Poco más. Mía se tumbó y dejó que Atún se le subiera encima. Atún debió de pensar que aquello era jauja y se pasó quince minutos dándole la matraca a la pobre Mía, que lo solucionó con un sopapo.

Yo: *Ná*, esta mañana me calenté y los junté. Mía solo bufa cuando se le acerca por detrás y no lo ve venir.

Vero: Muy bien, ¿¿¿no????

Yo: Sí, pero oye, cada vez que puede se come la comida de Mía. No pasa nada, ¿no?

Vero: No... De hecho, Señora Salmoni (su segunda gata) nunca ha comido pienso para gatitos porque se comía el de Chloe.

Yo: Vale, última duda. Se han llevado razonablemente bien hoy. ¿Qué hago mañana cuando vaya a trabajar? Le tiene más miedo Mía a Atún... ¿Los dejo ya siempre juntos o solo cuando esté yo?

Vero: Yo no los dejaría todavía juntos. Cuando estés en casa tú, sí, pero solos, no.

No le hice caso y los dejé juntos. Ahí, arriesgando. A la mañana siguiente, los problemas ya eran otros.

Yo: No para quieto... Qué noches me está dando.

Vero: Siempre lo dijo mi madre... Los segundos son los peores... y es verdad... La Señora Salmoni me dio (¡y me da!) el triple de guerra que Chloe. ¡Pero se llevan fenomenal! Tienes mucha suerte...

Y desde entonces están juntos. Se llevan bastante bien. Mía intenta lamer a Atún, pero solo lo consigue cuando este está profundamente dormido. Porque Atún es un culo inquieto. Siempre está saltando sobre Mía y ella tampoco es que quiera jugar todo el rato. Que tiene una edad y muchas cosas que hacer. De hecho, cuando quiere descansar, se sube a los sitios a los que Atún no llega. Nunca la había visto dormir la siesta en el fregadero...

A veces me mira. Creo que me está diciendo algo así como «¿Te acuerdas de cuando decíamos que en nuestra casa no entraba otro gato?». Y sí, claro que me acuerdo. También me acuerdo de muchas cosas cuando, de madrugada, se ponen a hacer carreras por la casa. Pero enseguida recuerdo que precisamente ese –el de la felicidad y la compañía– era el motivo de adoptar un hermano para Mía.

¿Con quién dejas a los gatos?

«Yo soy amigo del gato,
con usted no tengo nada de qué hablar.»
CHICHO SÁNCHEZ FERLOSIO

Adopté a Atún para que Mía no pasara tanto tiempo sola. El objetivo principal se cumplió a la perfección. Otra cosa es que, si Mía hubiera podido opinar, seguramente habría elegido la opción de tener un compañero solo en los momentos en los que a ella le apeteciera. Pero la vida es así. De repente aparece un hermano pequeño y te trastoca todos los planes. Dicho esto desde la perspectiva del hermano pequeño, claro. Seguro que mis dos hermanos opinan diferente.

Lo que no solucionó la llegada de Atún fue la logística que hay que organizar cada vez que se quedan solos más de un día. Los gatos han evolucionado, pero no tanto. O quizá sí, y precisamente por eso logran que organicemos nuestras vidas en torno a ellos y que movamos Roma con Santiago para que alguien pase a verlos cada día cuando estamos fuera.

Podría parecer fácil, pero no lo es. Al menos no si eres un ser maniático que ve peligros en cada rincón de la casa. No sé lo que harán otros dueños de gatos, pero a mí no me vale cualquiera para venir a verlos cuando no estoy.

En primer lugar, tiene que ser alguien que me conozca muy bien y que entienda mis manías con respecto a Mía y a Atún (si entienden las ajenas al mundo felino, pues bienvenido sea, aunque para el caso que nos ocupa no son relevantes). Por ejemplo: pido que no abran las ventanas o que comprueben que la vitrocerámica está bloqueada. Es obvio que a ninguno de ellos se le iba a ocurrir abrir las ventanas en una visita de cinco minutos y que, si en cuatro años los gatos jamás han desbloqueado la vitro, es bastante improbable que lo vayan a hacer ahora, pero yo qué sé. Cuando estoy lejos, mi mente dibuja miedos irracionales. Me imagino a los gatos metiendo las zarpas en la tostadora, comiéndose algún elemento venenoso –el típico cianuro que aparece en casa cuando tú no estás– o encendiendo la vitrocerámica con una pata, subiendo la intensidad con la otra y quedándose ahí mientras se les quema el trasero. Podría describir muchas más desgracias caseras que se me pasan por la cabeza cuando estoy lejos. No me avergüenzo. Y sé que no estoy solo en esto.

Las personas que van a mi casa tienen que ser muy metódicas. Lo primero de todo es cambiarles el agua. Dejo siempre una botella llena en la nevera, para que se la sirvan fresca. Luego, deben ponerles una cucharada de comida húmeda. Cuando la terminan –no suelen tardar más de cinco minutos–, servirles el pienso. A cada uno el suyo. Ustedes dirán que, una vez aquí, mis amigos hacen lo que les da la gana, pero les aseguro que puedo llegar a ser tan pesado que no les merece la pena mentirme.

De hecho, el diálogo más común es este:

Pregunta: ¿Has ido a ver a los gatos?

Respuesta: Como me lo vuelvas a preguntar, dejo de ir.

Pregunta: ¿Les has puesto comida suficiente?

Respuesta: Que síííí, pesado.

Si me voy de fin de semana, la organización es relativamente sencilla. Siempre hago el cálculo mental de que no pasen más de veinticuatro horas solos. Es decir, si me voy el viernes a mediodía, intento que alguien se acerque el sábado por la mañana (confieso que alguna vez he dicho que me iba por la mañana para que pasaran a verlos el mismo viernes por la tarde) y también el domingo. Teniendo en cuenta que apenas son cuarenta y ocho horas, es suficiente con que les cambien el agua y repongan la comida.

El problema viene cuando me toca viajar por trabajo y me voy cinco o siete días. Y lo es más allá de la organización, porque me hace sentir un poco mal que se queden tantos días solos. Que seguramente ellos están encantados y agradecen que por unos días se acerque a verlos una persona más o menos normal, pero a mí no me gusta estar tanto tiempo separado de ellos. También porque me los imagino haciendo maldades, un poco como la escena aquella de *Gremlins* en la que los monstruos se apoderan de la ciudad y aparecen saltando por todos lados y haciendo cosas de humanos.

Para esos viajes largos, intento sobornar a alguno de mis amigos de confianza para que, o bien vaya a pasar alguna tarde a casa (les ofrezco todo tipo de comodidades y les dejo algo rico en la nevera), o bien se quede a dormir alguna noche. Que ya sé que suena abusivo, pero la clave para que no lo sea es tener muy buenos amigos que quieran a tus gatos tanto como tú.

Estas son las seis personas en las que confío cuando estoy fuera:

Bárbara

En este caso se trata de una parte de confianza y otra de compromiso. Bárbara es la «culpable» de que Mía y Atún estén en mi casa. Cuando Mía llegó, Bárbara se comprometió a ayudarme a cuidarla y a venir a verla cuando yo no estuviera. Así que es la primera opción. Se queda a dormir muchas veces y, cuando no puede, se pasa la tarde viendo una película en el sofá. Como nos conocemos desde pequeños, maneja bien mis neuras. Se entiende bien con los gatos. Eso sí, siempre dice que va a aprovechar las visitas para sacarles buenas fotos para las redes sociales y, a día de hoy, creo que no les ha hecho ni una.

Goyo

Me fío mucho de él porque es igual de maniático que yo. Quiere mucho a Mía y a Atún. Cuando se queda a cargo de ellos, va a verlos mañana y tarde. Por las mañanas lee el periódico y por las tardes se pone el fútbol si hay algún partido interesante. Siempre me hace una videollamada e intenta que los gatos me saluden, pero ellos pasan de mí de forma física y virtual. Con Goyo, además, tengo menos remordimientos porque él tiene una malamute de Alaska, Norma, a la que paseo cuando él va a la ópera o juega en Madrid el Atleti. Entonces es Goyo quien me da a mí las normas para pasearla. Y yo, como lo entiendo perfectamente, las cumplo a rajatabla. Salvo algunas veces.

Jesús

Jesús vive a una manzana de mi casa. Tenía una perra muy mayor, que se llamaba Lula. Está bien que de vez en cuando venga él, porque se ríe de mis manías y se fuma un puro con ellas. Básicamente me toma por un tarado y cree que algún día vendrá alguien a quitarme la custodia de los gatos, que según él viven en un estado de opresión. De todos mis amigos, es el que mejor me imita cuando hablo con los gatos. Se niega a llamar «Atún» a Atún. Para él, tiene cara de llamarse José Miguel. Y así lo llama cada vez que viene.

Berta

Berta vivió conmigo unos meses cuando Mía aún era la única gata del hogar. Tiene un perro, Roche –tuvo otro, Tyrion, que era simpatiquísimo y listísimo– y es una gran amante y defensora de los animales. Aquellos meses en los que convivimos me tocó viajar mucho y muy lejos. Recuerdo la tranquilidad que me inspiraba saber que ella estaba en casa. Se entiende muy bien con Mía. Pasaron muchas noches juntas viendo pelis y series.

Paula y Cristina

Son las hijas de Jesús. Gemelas. Paula vivió en Colombia y en su casa tenían un gato. Como son muy responsables, en las primeras navidades en las que no pude llevarme a Mía y a Atún conmigo, les ofrecí que se mudaran a mi casa durante los días en los que iba a estar fuera. Desde entonces, cuando me voy más de cinco días, les ofrezco a ellas la casa (previa repetición, eso sí, de las normas, no vaya a ser que se les hayan olvidado de un mes para otro) y les doy una propina. Supongo que ahora que estoy contando esto, las cuatro personas que he mencionado anteriormente me preguntarán «¿Qué hay de lo mío?».

No se podría hacer un perfil tipo de mis cuidadores de confianza, pero sí tienen algo en común: son todos muy buenos amigos, generosos y amantes de los animales. Y por eso Mía, Atún y un servidor les estamos muy agradecidos. Atún y Mía un poco más, porque sé que les dejan hacer cosas que no les permito. Soy maniático, pero no tonto.

Drama en Cascorro

«El sueño es como un gato: solo
viene a ti si no le prestas atención.»
GILLIAN FLYNN

El 12 de junio de 2018 era martes. Hacía calor en Madrid. Mía estaba de mal humor. Mi madre, mi hermana, dos de mis tías y una de sus amigas se habían instalado en mi casa. Habían viajado a Madrid para acudir a la presentación de *En mi casa no entra un gato*. No es que viva en un palacio, es que les había alquilado uno de los apartamentos turísticos que hay en el edificio (en clara contradicción entre mi opinión sobre estos y la comodidad) y yo me había trasladado a dormir a casa de mi amiga Berta, que por aquel entonces vivía en el piso de al lado.

Digo que Mía estaba de mal humor porque imagínense a una gata acostumbrada a estar sola, dominando la casa, a la que de repente le plantan a cinco señoras en sus dominios. Y cinco señoras en forma, ¿eh? Con ganas de salir a desayunar, de salir a comer, de sentarse juntas a ver el telediario (ocupando todo el sofá, problemas), de contestar en voz alta a las preguntas que plantean los concursos de la televisión y con muchas cosas que decir, así en general. Pero muchísimas, ¿eh? Nunca he visto tanta capacidad para sacar temas de conversación. Para que se hagan una idea, en la familia tenemos una broma: las hermanas hablan tanto por teléfono que, cuando están juntas físicamente, decimos que Telefónica llama preguntando por ellas, para saber si está todo bien, porque les extraña que no se llamen doscientas veces al día. Pero dejemos a la familia, que no quiero zanjar mis opciones de heredar algo algún día.

La puesta de largo del libro era en FNAC Madrid, en la plaza de Callao. Es curioso cómo funciona la vida. Había asistido a aquel mismo espacio como público decenas de veces y había sentido admiración (y algo de envidia) por los escritores o músicos que presentaban allí sus obras. Y de repente era yo el que iba a presentar un libro. Y lo hacía junto a Elvira Lindo, Pancho Varona, Paloma Abad y Jesús Ruiz Mantilla. Estaba cagado de los nervios, pero más feliz que una perdiz. (¿Sabían que las perdices hembra que eligen a sus parejas son más felices que aquellas a las que se las empareja directamente con un macho? Yo me acabo de enterar al meter en Google «Felicidad de las perdices»).

El acto fue muy bien. Todos estuvieron muy cariñosos y simpáticos. A mí me tocó hacer un poco el ridículo imitando la voz que le ponía a Mía cuando llegaba a casa, pero que se rían con ternura de uno es muy sano. Fue muy bonito ver a tantos amigos allí reunidos. Fue, también, el día de la presentación de la doble de Mía para escenas de acción: un cartón pluma que se inventaron en la editorial y que triunfó muchísimo, porque todo el mundo quería una foto con ella (con el cartón, se entiende).

Al día siguiente, con la resaca emocional, me acerqué hasta el centro para comer con la pandilla de okupas. Fuimos a un restaurante que estaba cerca de casa. Nos sentamos y empezamos a ojear la carta. Notaba que había algo raro en el ambiente. Como que me querían decir algo y no se atrevían. Se cortaban entre ellas. Sacaban más temas de lo normal (sí, aún se podían sacar más). Al fin, mi madre rompió el hielo: «Mira, ahora que ya ha pasado, te lo podemos contar», dijo.

Levanté la mirada y puse cara de extrañeza, como en las películas, pero más feo que un actor.

«Esta mañana perdimos a Mía. Luego apareció, ¿eh?, así que estate tranquilo que está en casa la mar de bien, pero no sabes el susto que hemos pasado».

Por lo visto, en algún momento de la mañana, Mía había desaparecido. Como estaban divididas en dos pisos, se daban muchas ocasiones en las que dejaban la puerta de casa abierta. Comenzaron buscando por las habitaciones. Nada. En los baños. Nada. En los armarios. Tampoco. Mi tía Marinieves salió al descansillo y empezó a subir y bajar escaleras llamándola. Ni rastro de Mía. Rosa, una amiga de la familia, la llamaba con paciencia y voz dulce por todos los rincones de la casa. Mi madre, tumbada en el sofá, lloraba, se lamentaba y repetía: «¡Pedro me mata, Pedro me mata!». Hasta aquí la parte dramática, que es triste, pero es graciosa y es graciosa, pero es triste. Pero es que eso no fue lo mejor. Porque lo mejor, lo absolutamente mejor, fue que mi tía Chelo, preocupada por si la gata había salido del edificio, bajó a la calle con un ejemplar del libro en las manos y se puso a enseñárselo a los viandantes y a preguntarles «¿Han visto a esta gata?», mientras señalaba la portada.

Mía reapareció un rato después. Estaba en el único armario que no habían abierto durante la búsqueda (otro de los extraños dones que tienen los gatos). Al abrir la puerta se la encontraron tumbada tan tranquila, ajena al drama que estaba sucediendo en el exterior. Tras la alegría inicial, mi madre quiso estrangularla por el mal rato que les había hecho pasar.

Como me lo contaron *a posteriori* pude reírme con la historia, pero de haber estado allí, me habría dado un soponcio.

Antes de volver al trabajo, decidí pasar por casa a saludar a Mía. También a comprobar que estaba todo bien. Como me fui antes del restaurante porque tenía un poco de prisa, llegué solo y Mía salió a recibirme. Se tumbó para que le acariciara la barriga. Le conté con voz cariñosa el susto que se habían llevado todas y me devolvió una mirada que decía: «Que sea la última vez que me metes esta revolución en casa. He tenido que esconderme para descansar un rato». No lo mencionó, pero yo sé que lo quería decir.

El arte de lanzar un premio

«Un gato no caza ratones para ningún dios.»
PROVERBIO HINDÚ

Los gatos son animales de costumbres. Especialmente de las que les interesan y les reportan beneficios. Todos los días, antes de salir de casa, les doy un par de premios a Mía y a Atún. Aunque, ahora que lo pienso, no es la mejor estrategia: si les doy premios cada vez que salgo por la puerta, deben de pasarse el día esperando a que me marche.

Cuando Mía vivía sola y era pequeña, le escondía los premios antes de irme. No era un plan muy efectivo, ya que ella me seguía por toda la casa y al final, más que un juego, se trataba de dar un paseo juntos y de que ella recogiera el aperitivo tan pronto como yo lo depositaba en el supuesto escondite.

A veces trataba de despistarla lanzándoselo lejos. Ella salía corriendo a toda velocidad en una dirección y yo en la contraria, tratando de ocultar el otro premio entre dos libros, encima de la cama o en lo alto del rascador. Pero daba igual. Para cuando conseguía llegar hasta mi destino, Mía ya estaba de nuevo mirándome y controlando dónde ponía las manos. A los pocos meses llegamos a una especie de acuerdo: cada vez que yo abría el armario de los premios, ella se situaba en el punto en el que se unen el pasillo de entrada y el que da acceso a una habitación. Se sentaba sobre sus patas traseras, ponía cara de formal y, en cuanto el *snack* salía volando, se transformaba en una especie de Speedy González felino. No es una gata muy aerodinámica y entiende a la perfección la ley del mínimo esfuerzo: cuando sale corriendo, supone (a saber por qué) que la pared la frenará y la colocará de forma natural en la dirección correcta. Así que ella, primero, sale a toda velocidad. Luego, si eso, ya decide hacia dónde quiere ir. Por lo general, después de unos pocos segundos se oye su cuerpo chocar contra la puerta o contra la pared de la habitación. A veces intenta frenar y entonces la escena es muy graciosa porque en su cara se intuye que va pensando «Nota mental: recuerda que la próxima vez no debes arrancar a tanta velocidad».

Suponía que, con la llegada de Atún, su ansiedad por hacerse con los premios aumentaría, pero no contaba con una variable inesperada: Atún, en materia de premios, se entera más bien poco. Cuando le lanzo el primero se queda mirando mi mano, como si hubiera dejado el truco a medias y él estuviera esperando la solución. Su empanada llega a tal nivel que, en muchas ocasiones, tengo que acompañarlo hasta donde ha caído el premio, para que lo encuentre. Cuando se lo señalo, a escasos centímetros de su cara, vuelve a desviar la mirada hacia el dedo. El lugar del segundo premio ya lo tiene un poco más interiorizado, pues suelo dejárselo en el piso más alto del rascador. Una vez que se ha comido el primero, sale veloz hacia allí. La escena recuerda a ese momento de la introducción de *Los Simpson* en el que, después de aparcar el coche, Homer tiene que apartarse para que Bart no lo atropelle. Atún tarda en pasar corriendo delante de mí exactamente el tiempo que empleo en llegar hasta el punto en el que nuestros caminos se cruzan. Así que me freno y lo veo cruzar como un rayo. Luego, le sucede lo mismo que a Mía, pero en vertical. Él se olvida de que hay dos plataformas que sirven de escaleras para llegar a lo más alto y se aventura a trepar por el palo principal. ¿Qué sucede? Que cuando está a punto de llegar a la cima se choca con la base de la cesta que corona el rascador. Trepa entonces hasta arriba, se come el premio y, ya que está ahí, se queda a dormir un rato. Aprovechando el viaje.

Cada mañana, cuando voy a salir de casa, Mía y Atún se dividen el espacio. Cada uno sabe más o menos en qué área van a caer los primeros premios. He practicado tanto el lanzamiento que puedo elegir dónde quiero colocarlo sin apenas esfuerzo. Para lo que aún no he encontrado solución es para una duda filosófica que me ronda la cabeza desde el principio de los tiempos gatunos: si cambiara el pienso diario por los premios, ¿se convertiría el menú del día en premio y viceversa?

P. S.: Confesión de última hora: cuando no los encuentro por casa, empiezo a pensar que han logrado escapar utilizando algún superpoder. El de traspasar paredes o el de abrir puertas con la mente, por ejemplo, que son muy típicos en gatos. Entonces recurro siempre a los premios. Al oír cómo se abre la bolsa, los dos salen de su escondite y corren de inmediato a sus posiciones. En algún momento me planteo no dárselo, por aquello de que no coman demasiadas porquerías (parezco mi madre), pero luego les veo esa carita, me doy cuenta de que, o bien los he despertado de la siesta, o bien los he sacado de un lugar secreto y comodísimo, y no me queda otra opción que ceder.

P. S. 2: A veces me pasa que me lío y, en lugar del segundo premio, le dejo a Atún la bolsa completa de los premios en lo alto del rascador. Él se lleva primero una alegría, porque cree que se va a dar un festín. Cuando se cerciora de que está cerrada, me mira con un aire paternalista y me da unos segundos para que corrija mi error. Y siempre le cae un premio doble.

Mía y el peso ideal

«Ciertamente, preferiríamos un infierno
con gatos antes que un cielo sin ellos.»
CARL VAN VECHTEN

En la clínica veterinaria de Madrid a la que llevo a Mía y a Atún hay un cartel que me obsesiona desde el primer día. No es fácil de ver. Está colgado junto a la ventana, al lado de una báscula, a una altura ideal para que lo lean bien las mascotas. Reza, en letras rojas: «¿ESTÁ TU GATO O PERRO OBESO? ES UNA CUESTIÓN DE SALUD». Así, en mayúsculas. Luego añade: «Puedes comprobarlo palpándole determinadas zonas y presionando suavemente con las palmas de las manos».

© Rosa Copado

Vienen después tres apartados. El primero, el de «Peso ideal». Lo acompaña un gato esbelto –visto de perfil y desde arriba– y, según la definición, «bien proporcionado, con costillas no visibles pero fácilmente palpables, cintura evidente, pequeña cantidad de grasa abdominal y ligero pliegue abdominal». Un efebo felino, vaya. Pero de esta definición podemos pasar rápido porque es obvio que Mía no está en esa etapa (todavía).

El segundo es «Sobrepeso», que ya empieza a sonar un poco mal. El dibujo está un poco más relleno, especialmente en la zona de la tripa y el culo. «Costillas difíciles de palpar bajo la grasa, cintura apenas visible, sin pliegue abdominal, abdomen redondeado con un depósito de grasa moderado».

Y luego está el apartado final: «Obesidad». «Costillas no palpables bajo una gruesa capa de grasa, cintura ausente, evidente distensión abdominal, abdomen con grandes depósitos de grasa». Y aquí aparece un gato que, visto desde arriba, es prácticamente una bola.

Lo cierto es que no sé dónde meter a Mía. Me acabo de levantar a observarla por enésima vez y es que es absolutamente poliédrica. Si la miro desde arriba, diría que está en el grupo uno. Si la miro de perfil, me inclinaría más por el dos. Y cuando la veo sentada sobre las patas traseras diría que está gorda como un tonel.

Si me tengo que guiar por los comentarios de los amigos que vienen a casa, tengo una gata gorda. Porque no hay persona que entre por la puerta y no diga: «Mía está rellenita, ¿eh?». Así, en frío, como si ella no lo oyera o algo por el estilo. Luego se extrañan de que se meta debajo del sofá y no salga a saludar ni a jugar. Vete tú a casa de alguien y, como saludo, plántale un «¡Qué gordo estás!». Ya verás qué fiesta.

En esas ocasiones, seguramente guiado por mi amor y mi ceguera paternal, utilizo el conocido como «Truco de la bolsa primordial» (nótese que al incluir la palabra «primordial» se le está dando al truco una solemnidad que en ningún caso tiene, pero vale para dar el pego). ¿Qué es la bolsa primordial? Es una bolsita (si se utilizan diminutivos suena mejor) de grasa que aparece en la parte inferior de la tripa, antes de las patas traseras. Se percibe sobre todo cuando caminan, porque va oscilando de lado a lado como un péndulo, saliéndose incluso de los límites del cuerpo. Es graciosa porque es como si tuviera vida propia. Mientras Mía camina o corre, la bolsa va de lado a lado. Para entendernos: es un michelín felino. Y ya se sabe que los michelines van a su bola. Sean felinos o humanos.

La bolsa primordial es, según los etólogos, una herencia genética que viene ya de los primeros gatos que hubo en el planeta (los que supuestamente urdieron el plan para dominar a los humanos). Al parecer, hoy en día no tiene una función esencial, peeeeeero sí que puede servir como reserva de comida (que nunca se sabe), hace (aún) más flexible el abdomen y, más importante, protege al gato en caso de pelea (de alguna forma, Mía ya esperaba la llegada de Atún y se fue preparando con tiempo). Parece ser que la bolsa primordial está desapareciendo por cuestiones de evolución, así que Mía también la luce por una cuestión de responsabilidad. Ya sospechaba yo que venía del noble linaje de los primeros gatos.

La primera vez que llevé a Mía al veterinario, allá por junio de 2016, pesaba 980 gramos. Era un ser minúsculo con más rabo que cuerpo. Fue creciendo (afortunadamente) y ganando peso. Cuando la esterilicé, le cambié el pienso por uno adaptado para ella. Fue entonces cuando me advirtieron de que había que controlarle el peso y empezar a medir la comida que le daba cada día.

Como tengo un poco de enchufe y soy bastante pesado, en la clínica me regalaron una báscula digital para pesar la ración diaria (digo lo de pesado porque creo que me la dieron un poco para que me callara de una vez). Volví a casa encantado de la vida con mi regalo. Pero feliz de verdad, ¿eh? No es una manera de hablar. Me flipaba tener un peso tan moderno para medir la comida de mi gata. Claro que, cuando empecé a medir y a poner la cantidad exacta indicada para cada jornada, me di cuenta de que llevaba meses cebando a Mía. Le estaba dando cuatro (o cinco) veces más de lo aconsejado.

¿Saben ese momento en el que van a la frutería a comprar legumbres y la persona que les atiende hace esos movimientos horizontales con la pala para llegar a la cantidad exacta que le han pedido? Pues así era yo los primeros días con la nueva báscula. Si me habían dicho cuarenta y dos gramos, eran cuarenta y dos gramos. Ni uno más ni uno menos. Pero claro, surgía una duda: ¿ese peso incluía la ración diaria de comida húmeda? Como creo que no me va a gustar la respuesta, nunca lo he preguntado.

Desde la llegada a la casa de la báscula, las visitas al veterinario se convirtieron en un pequeño reto. Mía siempre ha estado en torno a los cuatro kilos de peso. Cuando íbamos y marcaba 4,1 kilos, me daba rabia. Cuando eran 3,9 kilos, volvía a casa tan contento que le daba una ración extra de comida húmeda. Para que recuperara rápido los doscientos gramos que había perdido, supongo.

Antes de la llegada de Atún, hacíamos un poco de ejercicio diario. Jugábamos a cazar la pluma. Ella se ponía en el sofá, se preparaba y salía corriendo hacia donde estaba yo moviendo el palo que la sujetaba. Solíamos hacerlo durante unos diez o quince minutos, tampoco se vayan a pensar que era el entrenamiento de una marine. A las cuatro o cinco carreras, Mía se tumbaba y me daba a entender que ya estaba bien y que había llegado la parte de la sesión en la que le acercaba la pluma adonde ella estaba tumbada y así podía jugar sin mucho esfuerzo.

Cuando apareció el enano, todo cambió. Ahora Mía hace más ejercicio del que seguramente quisiera. Estar todo el día escapando de Atún debe de poner bastante en forma. No digo que esté para correr un maratón, pero está más ágil que hace un par de años.

Es curioso que, después de más de un año conviviendo con Atún, aún siga maullando cada vez que les sirvo la comida húmeda. Como se la pongo primero al pequeño, que es más impaciente e inquicto, clla viene cada día a mirar cuánto le pongo a su hermano, luego se va maullando hacia su comedero y me mira con una cara de pena que rompería el corazón a cualquiera. Parece que está diciendo: «Hoy es el día en el que no me vas a dar, ¿verdad?».

Mía es una gata que disfruta comiendo y se hace difícil negarle algo cuando te pone ojitos. Pero creo que, de alguna forma, ha aprendido a moderarse con la comida. Otra cosa es que, de vez en cuando, le conceda algún que otro capricho. Uno tiene derecho a malcriar a sus hijos como quiera.

Y, por si les interesa, yo creo que Mía no está gorda. Es *curvy*.

P.S: Atún llegó a casa siendo un renacuajo. Tres años después se ha convertido en un gato enorme que roza los seis kilos. Para prevenir riesgos, también está a dieta. Otra cosa es controlar que, cada vez que Mía termina de comer y deja algo en su cuenco, él vaya inmediatamente a rebañarlo.

Cuando yo, una gata, descubrí que era adoptada*

«Nadie sabe más del mundo que una gata que camina por primera vez bajo la luna.»
ROBERT W. CHAMBERS

Hola. Soy Mía. Una gata (nada) común europea. Vivo en Madrid con Pedrín, un señor mayor encerrado en el cuerpo de una persona de treinta y nueve años. No es mal compañero de piso pero, como todos los humanos, a veces resulta un poco plasta. Que si no hagas esto, que si no te subas ahí… chico, soy una gata y hago lo que me da la gana.

El otro día vinieron unos amigos suyos a comer a casa (él sí puede traer amigos, yo no) y, mientras tomaban el café, se pusieron a hablar de mí. Cuando esto sucede (el 100% de las veces) me hago la dormida. Me sé de memoria el cuento de lo buena, lo lista y lo guapa que soy (insisto, soy una gata). Pero esta vez hubo algo diferente en la conversación, porque le preguntaron por mi origen. Les explicó que, antes de llegar, había vivido en dos casas: en la que había nacido y en otra en la que ya había una gata a la que, por lo visto e incomprensiblemente, no le hacía mucha gracia mi llegada. Y luego lo de siempre: que soy muy cariñosa (cierto), que a veces soy un poco torpe (falso), que rasco los sofás (sin comentarios)... Hasta ahí todo más o menos bien.

Pero hubo una palabra que me hizo levantar las orejas y centrar la atención en las tradicionalmente aburridas conversaciones humanas. Al vuelo, escuché «adoptada». ¿Quién es adoptada? ¿Yo? Un poco fuerte enterarse así, ¿no? La verdad, hubiera preferido que Pedrín me sentara un día en el sofá que no araño nunca y me lo contara. Una conversación sincera entre amigos.

Pero las formas son lo de menos. No sabéis el orgullo que sentí cuando me enteré de que era adoptada. Me levanté de mi postura de siesta y me froté contra las piernas de mi compañero de piso. «Muchas gracias por adoptarme. Y muchas gracias por adoptar», le estaba diciendo. Aunque me quejo bastante y, en ocasiones, soy un poco arisca, he de reconocer que he tenido mucha suerte. Tengo un hogar en el que me quieren y me cuidan. Incluso juegan conmigo un rato cada día. Pero no todos tienen la misma suerte. Solo en España, cada año se recogen muchos más de cien mil perros y gatos abandonados. Y ahora que me he enterado de que soy adoptada y sé que muchas personas se plantean pedir una mascota por su cumpleaños o por Navidad, me gustaría lanzaros unas advertencias felinas.

La primera es que no somos un juguete. Somos seres vivos y tenemos sentimientos. Incorporar una mascota a tu vida implica una responsabilidad. Nos tienes que cuidar, alimentar, educar, sacar de paseo, tratar con respeto y jugar con nosotros de vez en cuando. Y somos para toda la vida. Repito: para toda la vida. ¿Qué es eso de dejarnos en una cuneta o en un contenedor?

La segunda es que, entre las muchas responsabilidades que conllevamos, hay una que es fundamental: la económica. Implicamos una serie de gastos importantes. El veterinario, la comida, los premios... Que somos parte del presupuesto familiar, vaya.

Si después de estas dos advertencias aún continúas pensando en sumar a tu vida un animal, un último consejo-petición-mandato felino: no compres, adopta.

Hay miles y miles de animales esperando una familia que los acoja. Si adoptas, estarás dándonos una oportunidad y aumentando las posibilidades de que otros la tengan. Yo tengo una vida moderadamente feliz y me gustaría que fuera así para muchos más animales del mundo (así somos los gatos, magnánimos).

Estoy muy contenta de saber que soy adoptada. Y también muy orgullosa de Pedrín, por haberlo hecho. Y, por qué no decirlo, aliviada por la economía familiar. Todos sabemos que, si hubiera acudido al mercado a comprarme, no hubiera podido. Somos impagables. Los animales no tenemos precio.

Fdo.: Mía

* Artículo publicado en *EL PAÍS* el 13 de febrero de 2019.

Tiene cara de gato

«¡Oh gatos estupendos, sed guasones
y raros, y tumbaos panza arriba
bañándoos en el sol!»
FEDERICO GARCÍA LORCA

En la editorial se pasaron la semana anterior a la Feria del Libro de Madrid de 2018 haciendo terapia preventiva. «Vete a disfrutar», «Es una experiencia diferente», «No te agobies si no aparece nadie», «Tú, si ves que no firmas nada, ponte a hablar con el librero»... Era un poco como cuando de pequeño jugabas en un equipo malo y decían eso de que lo importante es participar. Que sí, que muy bien. Pero no.

A las 18:58 de un viernes 1 de junio entraba por la puerta del parque del Retiro que está frente al Hospital Niño Jesús. Mi firma empezaba a las 19:00. Iba con retraso, sí, pero ¿a quién le podía importar? Pues a las cinco personas que ya estaban haciendo cola y que aparecían en la foto que me envió por WhatsApp un amigo. «Flipo con que haya gente esperando para que les firmes», rezaba el cariñoso mensaje. Más flipaba yo. Entonces sí, aceleré el paso. No fuera a ser que decidieran irse.

Llegué al estand y desplegué el recortable de cartón pluma con la figura de Mía. La estrella de *En mi casa no entra un gato* es ella, y es a quien los lectores quieren ver. Soy consciente de mi papel de accesorio. Pero como es una gata, no estaría bien exponerla al estrés (o «escuatro», broma recurrente de mi madre) que supone tenerla horas y horas en actos que no le interesan lo más mínimo, así que esa reproducción de su figura me acompaña a todas las presentaciones y de esa manera todo el mundo se puede llevar su foto con ella.

El caso es que me puse a firmar a las personas que, contra todo pronóstico, me estaban esperando. Lo hice con diligencia. Error de principiante. En diez minutos me vi solo, mirando al infinito y poniendo cara de «Cómprame un librito» a todos los que pasaban por allí.

Con las prisas, no me había fijado en quién era mi compañero de firma: Manuel Rivas. Él sí tenía cola, claro.

El tiempo pasaba y seguía mirando al infinito. Hasta que apareció un señor que comenzó a hablarme muy amablemente. Me contó lo que había estudiado, dónde y me enumeró todos los trabajos que había desempeñado. Yo, seamos sinceros, lo estaba escuchando con atención porque pensaba que aquello iba a desembocar, o bien en una anécdota con un gato, o bien en la compra de un ejemplar. Pero ni lo uno ni lo otro. «¿Te estoy molestando?», me preguntó al cabo de diez minutos. Y no, realmente no me estaba molestando, pero justo en ese momento aparecieron tres lectores y se empezaba a formar un poco de cola. Que ya sé que una cola de tres ni es cola ni es nada, pero era mi primera vez y, además, cada lector hace ilusión.

La tarde fue pasando. Se acercaron algunos amigos por allí. Tuve charlas con lectores encantadores. Y entonces sucedió. El momento álgido de la jornada. Una familia curioseaba el libro y hablaban sobre sus gatos y sus perros. Era muy curioso porque decían cosas como si yo no estuviera allí delante. La madre miró hacia mí y le comentó a su marido: «Pues la verdad es que el autor tiene cara de gato». En ese momento se rompió la cuarta pared, comenzaron a hablar conmigo como si realmente existiera e intenté poner mi mejor cara de humano, para jugar al despiste.

Antes de terminar, intercambié un libro con Rivas. Escribirle una dedicatoria a alguien a quien admiras es un poco marrón. No sabes qué ponerle. Quieres sonar original, pero evitar algo pretencioso. Total, que al final pones una firma que ni chicha ni *limoná*, a medio camino entre la veneración, el cariño y las ganas de impresionar. Una mierda, vaya. Y más después de comprobar que en el suyo había dibujado, bajo la firma, una rosa de los vientos con diferentes colores.

Balance de mi primer día firmando: veintiún libros vendidos, nueve más firmados. Volví a casa convertido en un gato, como en la *Cenicienta*, y constaté que tengo que apuntarme a clases de dibujo.

El domingo por la mañana repetía. En horario de máxima audiencia, de 12:00 a 14:00. En esa ocasión fui pronto, por si acaso. Llegué quince minutos antes. No había nadie. Tampoco quince minutos después. En el estand también estaba María Dueñas, que tenía hasta una valla para dirigir la cola. Porque aquello sí que era una cola de verdad.

En quince minutos de vacío te da tiempo a pensar muchas cosas. Por ejemplo: «¿Qué pensará la gente al verme aquí, rodeado de ejemplares de un libro que se llama *En mi casa no entra un gato* y acompañado de una gata de cartón pluma?». Pero eso ya era ego de escritor, porque la gente básicamente pasaba de mí. Salvo un par de señores que me hicieron una foto como si fuera un objeto en exhibición y otro que se hizo un selfi en el que supuestamente aparezco pero en el que, dado el ángulo con el que se tomó la fotografía, es físicamente imposible que se vea alguna parte de mi cuerpo.

En ese rato que estuve solo me dio tiempo a desarrollar una técnica de manejo de la mente ajena que me reportaría pingües resultados a lo largo de la mañana. Consiste en mover con mensajes subliminales la capacidad volitiva de las personas que tienes a tu alrededor, llevándolas, en este caso, a adquirir tu libro. Funcionó bastante bien, la verdad. La cosa arrancó y, a la una, ya había vendido y firmado un montón de libros.

Eso sí, para que el ego no se disparara mucho, la vida lanzaba mensajes. Una chica apareció de la nada y me preguntó: «Tú no eres María Dueñas, ¿no?».

Fue una mañana fantástica. Repleta de visitas de lectores con historias maravillosas. Casi todos con gatos; otros, alérgicos; algunos, antifelinos. Muchos chicos y chicas que se llevaban el libro para convencer a sus parejas de que les dejaran tener un gato. Me hizo mucha gracia una niña de unos nueve años que se acercó con sus padres. Le pregunté si tenía gato y me dijo que no le dejaban: «En cuanto me independice, lo primero que haré será tener un gato». Las nuevas generaciones vienen pisando fuerte.

Tuvimos que reponer varias veces los libros expuestos en el mostrador. Cuando estaba de nuevo viniéndome arriba, apareció otra chica y me preguntó: «Pero ¿aquí no estaba Dulcinea?».

Pude ver la decepción en sus ojos. Sospeché desde el principio que aquello no tenía nada que ver con Cervantes y pregunté a los chicos del estand si sabían algo. Dulcinea iba a acudir a la firma, pero había cancelado su asistencia a última hora. Por si les interesa, Dulcinea es una escritora y directora de arte que fundó un proyecto de rescate de animales salvajes. Cuenta con centenares de miles de seguidores en su canal de YouTube. Ojo, no se debe confundir con Dulceida, que tiene millones de seguidores y un rollo totalmente distinto. No se preocupen, ya me confundí yo por ustedes.

Cuando volví a mirar el reloj, eran las 14:30. Entre lectores, amigos y una familiar a la que no conocía, la mañana se había pasado volando. Tenía la mano algo cansada. En total, había firmado más de setenta libros ese día. Agarro mal el boli, me explayo en cada dedicatoria como si fuera la última y ya no estamos acostumbrados a escribir con la mano. Conclusión: agujetas.

«Para ser tu primer libro y tu primera firma no se te ha dado nada mal, ¿eh? No has parado», me dijo risueño un empleado de la librería.

Tenía razón. Pero lo que más ilusión me hacía de todo lo que había vivido durante el fin de semana era haber descubierto que tenía cara de gato. A ver quién supera eso.

Los gatos y las modas

«¿Echa de menos alguna toalla?
Nuestro gato se dedica a traerlas a casa.
Por favor, venga a nuestro
apartamento a recogerlas.»
En una nota en el vestíbulo
de un edificio de Nueva York, 1949

La Real Academia Española define *moda* como «gusto colectivo y cambiante en lo relativo a prendas de vestir y complementos». Es bastante probable que sea la persona a la que más excluye dicha definición. Llevo treinta y nueve años vistiéndome igual. Clásico –tirando a rancio–, sin muchas alegrías ni mucho color y sin arriesgar. Si un pantalón o una camisa me gustan, intento comprar los mismos una y otra vez. Esta estrategia tiene muchas desventajas y una ventaja: que cada veinte años, más o menos, mi estilo vuelve a estar de moda y, entonces sí, visto de manera actual.

Creo que el poco amor por las modas y la ropa me viene de familia. Cuando estaba en octavo de Educación General Básica (es decir, tenía unos trece años), llegué un día al colegio y noté cierto recochineo a mi alrededor. Alguien se acercó y me dijo: «Ochenta y tres días. Has perdido». Me quedé igual que usted ahora mismo: no entendía nada. Resulta que algunos compañeros habían hecho una competición para comprobar quién era la persona de la clase que más días consecutivos llevaba el mismo jersey. Por aquel entonces, usaba a diario una sudadera azul marino con la palabra ANDORRA escrita en el pecho. La A tenía nieve en la parte alta, simulando la cima de una montaña. Había estado llevando la misma prenda durante todos aquellos días seguidos (doy por hecho que en casa la lavaban durante los fines de semana). No sé qué compañero o compañera me ganó, pero me encantaría saberlo.

Un año después de aquello, le pedí a mi madre unos Levi's. Como tampoco es que pidiera mucho, mis padres accedieron. Fui con mi madre y con mi hermana a la tienda de Levi's en Oviedo. Recuerdo la ilusión. Era como si pensara que aquellos vaqueros me iban a cambiar la vida. Mi gozo duró lo que tardó mi madre en identificar los vaqueros que me iba a comprar. Unos a medio camino entre el rojo y el granate, que ella visualizó claramente combinables con camisas. Se pueden imaginar mi cara de pavor al verlos. ¿Quién se compraba unos Levi's rojos? Pero ¿qué invento era aquel? Si es que no me quedaba ni la ilusión de la etiqueta roja, porque en este caso –he de admitir que con buen criterio por parte del diseñador– era naranja. Creo que vestí aquellos pantalones hasta que empecé la universidad.

A una persona tan poco dada a los cambios como yo, le resulta aún más chocante esa capacidad que tienen los gatos para instaurar modas pasajeras –de apenas dos o tres semanas, si es que llegan a eso– y ponerse inmediatamente con otra cosa cuando deciden que ya ha sido suficiente. Ojo, no estoy hablando de costumbres felinas que más o menos todos comparten, sino de verdaderas modas gatunas.

A Mía, por ejemplo, le da de repente por venir a dormir a mi habitación. No suele hacerlo, pero hay días en los que se levanta inspirada y decide innovar. En los últimos meses, estuvo una semana durmiendo en la esquina inferior derecha de la cama (inferior con respecto a mis pies). Lo dejó y, meses después, volvió a la habitación, pero esta vez para dormir en una especie de cajón que hay en el cabecero, del que sale la luz. Era una postura aparentemente incomodísima y que, además, hacía que pareciera que estaba en la lámpara de rayos UVA, porque al ponerse bajo un tubo de luz, adquiría un tono amarillo. Tal vez estuviera cogiendo color de cara al verano... Últimamente le ha dado por dormir en el cesto de la ropa sucia (es el espacio en el que más intimidad puede tener) y en una mochila antigua que no sé cómo demonios ha descubierto. En los primeros meses después de su llegada, intentaba encajarse en el frutero. No cabía, claro. Hubo una época en la que se dedicó a ponerse al lado de la puerta de entrada y emitir un sonido extraño que no sé si quería decir «Ábreme» o «Vete a dar una vuelta». Más o menos dos veces al año, intenta escapar cuando llego a casa. Y va cambiando con regularidad la ventana en la que se pasa las tardes al sol. También va rotando su lugar favorito en el sofá. Hay épocas en las que, en medio de la noche, quiere que le abra el armario de las camisas; cuando lo abro, entra cinco minutos y luego se va.

Atún es un poco más inconstante a la hora de generar modas –también es más joven–. Se pasó dos semanas obsesionado con un cartón de promoción de *En mi casa no entra un*

gato. En realidad es un pequeño expositor en el que, en teoría, iban los libros –en casa lo llamamos el *PhotoCall*–, pero él decidió no salir de allí en quince días. Hubo otra etapa en la que se dedicaba a intentar meterse en el pequeño espacio que queda entre el último cajón del armario de la despensa y el suelo. Y lo lograba. Se pasaba un buen rato con la cabeza asomada, contemplando el panorama. Otra de sus modas trimestrales es la de beber agua con la zarpa. En lugar de beber normal (normal como un gato, claro), mete la pata y chupa el agua desde ahí. Hubo varios días en que le dio por beber tumbado. Es que me parto ahora al recordarlo porque era una postura rarísima. A lo mejor un día se empeña en morder los cables del ordenador y luego no vuelve a hacerles caso en meses. También tiene periodos en los que coge todos los objetos que le parecen interesantes y los esconde detrás de una cortina. Cuando los encuentro, los devuelvo a su sitio y él los mira como si no supiera nada del asunto.

Convivir con dos seres tan proclives a las modas está haciendo que mi muro antinnovación y cambios se vaya agrietando poco a poco. De hecho, en mi armario ya hay dos camisas repletas de color y de dibujos. Son dos camisas de gatos que me regalaron dos amigos. Y, ahora que no nos oye nadie, lo confesaré: son mis dos prendas favoritas. Y es que... ¿quién quiere unos Levi's rojos pudiendo lucir gatitos de todos los colores?

Ir al WC

«Las personas menores de setenta años y mayores de siete son muy poco fiables si no son gatos.»
LEONORA CARRINGTON

De todas las actividades cotidianas del hogar, la que más atrae a Mía y a Atún –con notable diferencia sobre la segunda– es la de que los humanos vayamos al baño. Después de muchas vueltas, he llegado a la conclusión de que es mejor no andar con tapujos y llamar a las cosas por su nombre. De las visitas al baño no les interesan ni los lavados de dientes ni los secados de pelo. Lo que más les interesa es cuando alguien se sienta a hacer caca. Hala, ya lo he dicho. (Es que, de otra forma, iba a ser un capítulo un poco raro. Las palabras «cagar» o «caca» serían una especie de ente sobrenatural que sobrevolaría cada párrafo y, en el fondo, es algo que todos hacemos, ¿no?)

No sé cómo lo consiguen, pero saben distinguir perfectamente cuándo hay alguien sentado en el WC. Puedes hacer ruido al levantar la tapa y, desde la distancia, sabrán perfectamente que solo vas a hacer pis, por lo que no se moverán de donde estén para hacer un viaje en balde. Pero, ay amigo, si resulta que vas a hacer caca, entonces sí, aparecerán de inmediato por la puerta.

La primera en aparecer suele ser Mía –tiene más experiencia–. Asoma primero la cabeza por la puerta, para comprobar que su instinto no le ha fallado. Debo aclarar que dejo la puerta del baño abierta porque ya sé lo que va a pasar. También porque vivo solo. Si hay algún invitado de confianza y voy al baño (que está en mi habitación), arrimo la puerta de tal manera que puedan empujarla para entrar (los gatos, no los invitados).

Mía se acerca y pasea por delante de mis piernas. Me acaricia la rodilla con la cola, me mira y hace un pequeño ruido que, con casi toda probabilidad, quiere decir «He decidido que este es el momento ideal para que me acaricies». Como un buen siervo felino, dejo lo que esté leyendo y me dedico a mi tarea principal en esta casa, que es darle gusto a los gatos, lo cual parece ser que se me olvida a veces.

Va dando vueltas sobre sí misma y, cuando lo estima oportuno, repite el sonido para que vuelva a acariciarla. Si nos olvidamos de que estoy sentado en el WC, son momentos muy tiernos. Que un gato te pida cariño es algo que a los que convivimos con ellos nos derrite.

Suele repetir la operación unas tres o cuatro veces, que es el tiempo que tarda Atún en percatarse de que está sucediendo algo en un rincón de la casa y que él no se está enterando. Entonces aparece y siempre mira con cara de sorprendido. Mía deja de estar tan relajada y empieza a buscar la manera de salir del baño sin tener una bronca con su hermano. Atún se abalanza sobre ella. Ella se agacha, le bufa y sale pegada a la pared. El cambio sucede con rapidez, pero no es nada sutil. Paso de tener frente a mí a una gata tranquila que reclama cariño a tener un aprendiz de tigre que no entiende nada, se dedica a mirarme fijamente durante dos minutos para después comenzar a morder el papel higiénico, subirse al lavabo y darme con la pata en la cabeza. A veces, incluso, se sienta entre el hueco que queda entre mi espalda y la tapa. (Dato innecesario pero quizá interesante: a diferencia de Mía, a Atún le da absolutamente igual qué persona va al baño. Intentará acompañarla sea quien sea).

Se produce, también, otra situación bastante absurda y es que intento sacarles fotos y vídeos. Pero claro, siempre hay algún plano en el que aparezco yo (entiéndase por «yo» unos calzoncillos o una rodilla), y a ver para qué quiero un vídeo de mis gatos que no puedo enviar a nadie ni publicar en ningún lado, porque los espectadores se darán cuenta inmediatamente de que estoy sentado en el WC. Intento tomar algún plano en el que solo aparezcan los gatos, pero no lo consigo. No es el mejor momento para hacer florituras.

Y ellos lo saben. Claro que lo saben. Por eso nos acompañan al WC. Porque cuando estás con los pantalones por los tobillos eres más vulnerable que nunca. Apenas te puedes mover. Y, si lo haces, será torpemente. Recuerda un poco a la estrategia de los dinosaurios carnívoros, que iban a cazar a sus presas cuando bebían agua en un lago. Los gatos nos cercan en el baño, en la sublimación de su dominio del hogar. Y, por supuesto, no van a permitir que concentres tu atención en la lectura de un libro mientras estás en el retrete. Se las saben todas.

Mi gata y las cinco formas de atacar una puerta prohibida

«A mí lo mismo me da estar aquí que allá. ¿Por qué no voy a ir, ver lo que pasa y luego marcharme?»
RUDYARD KIPLING

Las de 2018 fueron las últimas navidades en las que Mía coincidió con su abuela y las últimas sin Atún. Mía llevaba ya casi tres años en casa, así que teníamos muy perfeccionada la logística de los desplazamientos que hacíamos juntos (tres al año, para ir a Asturias en Navidad, Semana Santa y verano, que se escribe en minúscula pero no por ello es menos importante). El único momento de tensión se producía cuando metía a Mía en el transportín. Un día le dio por bufarme, y hasta hoy. Debe de pensar que va al veterinario...

Honestamente –al menos en mi caso– lo peor de desplazarse con gatos no es el viaje en sí, sino la llegada a destino: hay que cerciorarse de que el lugar donde nos vamos a quedar está preparado para un felino (ventanas abiertas, flores potencialmente peligrosas, personas que les caigan mal a los gatos...).

Aquel año, Mía se hizo las cuatro horas de viaje sin maullar. Cuando llegamos a Oviedo, mi madre nos esperaba en casa. A sus XX años (no me dejaba decir la edad aquí), le hacía poca gracia que la gata condicionara su vida durante tres semanas al año. Daba por perdida la batalla de los pelos y los arañazos en el sofá (aunque aquella vez puso una sábana sobre uno, por si acaso), pero había una pequeña victoria que se apuntaba en cada visita: Mía no podía entrar en la cocina.

Ya saben que hay dos cosas que un gato no tolera: que se le diga que no y que se le cierre una puerta (hay un millón de cosas más que no toleran, pero no me interesan para este capítulo). Lo tienen relativamente fácil ante un «No»: pasan de ti, y listo. Pero, ay amigos, una puerta cerrada es una puerta cerrada.

Dice la escritora Stéphanie Hochet que los gatos siempre creen estar en el lado equivocado de la puerta. Podríamos añadir que son la sublimación de eso que los modernos llaman FOMO –el miedo a estar perdiéndose algo– y que, en contra de lo que pensamos, nos tienen en gran estima a los humanos, ya que creen que lo que está pasando al otro lado es divertidísimo.

Al llegar, Mía se encontró la puerta de la cocina cerrada. Nada más salir del transportín, puso en marcha su estrategia: aparentemente ignoró el espacio vetado, haciendo como que no le importaba. Pero miraba con el rabillo del ojo y pensaba que era cuestión de tiempo que le surgiera una oportunidad. Comenzaba la semana de pasión de Mía, que

utilizaría hasta cinco estrategias distintas para intentar acceder a la cocina:

1. La paciencia. Le duró día y medio, con lo que tampoco es que fuera el santo Job, pero lo intentó. Mía se quedaba literalmente pegada a la puerta de la cocina. Al abrirla, te la encontrabas apoyada en las patas delanteras, mirando hacia abajo e intentando transmitir una sensación zen. Mentalmente me estaba diciendo: «Te prometo que no volveré a meter las zarpas en los canelones de la abuela, como hice en aquella otra Navidad de la que ya nadie se acuerda».

2. El chantaje emocional. En esto es una experta. A partir del segundo día, cuando desayunábamos, comíamos, merendábamos o cenábamos (les recuerdo que es Asturias, y que nos encanta sentarnos a la mesa), Mía empezaba a maullar con pena. Mi madre no la oía. Y aunque la hubiera oído, le habría dado igual. Yo sí. Y de vez en cuando me acercaba hasta la puerta, la veía y la muy cabrita me ponía la misma cara que el gato de Shrek cuando finge estar triste.

3. La de «por si cuela». Esta es mi favorita. Después de varios días sin lograrlo, decidió cambiar de estrategia. Iba yo de camino hacia la cocina y la vi ponerse a mi lado y empezar a caminar con toda naturalidad, como si fuéramos charlando animadamente. Ella miraba hacia arriba y movía las patas a paso ligero. Al abrir la puerta, siguió avanzando. La cogí en brazos y la saqué de allí. Ella miraba al infinito como solo saben hacer los gatos cuando los coges para sacarlos de algún lado. «Si me hubiera puesto un sombrero de ala ancha y unas gafas con bigote postizo, seguro que lo habría logrado...», debía de pensar.

4. La de estudiar las debilidades de tu adversario. La cosa empezaba a ponerse brava. A ver, es una gata buena, pero es una gata. Y una puerta cerrada es una puerta cerrada. De la espera pasiva pasó a la acción. Y ahí se da cuenta uno de lo listos que son: comenzó a intentar entrar únicamente cuando la persona que salía llevaba algo en las manos, de forma que no podía utilizarlas para frenarla en su carrera. Así, logró pasar el quicio de la puerta en un par de ocasiones, pero no fue más allá.

5. Por las bravas. Sucedió el último día. En un momento de la mañana, al abrir la puerta de la cocina, mi madre me advirtió: «¡Cuidado, que va!». Fue un poco como en las películas, cuando todo sucede a cámara lenta. A excepción de la gata, que iba a cámara rápida. Mía estaba desatada. No iba a permitir que se pasaran las vacaciones sin haber entrado en la cocina. Había memorizado el itinerario más corto hacia su ansiada estancia prohibida. En seis zancadas se puso delante de mí y, cuando me quise dar cuenta, ya estaba enfilando el tramo final. Lo había conseguido.

Cuando me acerqué a recogerla, se había metido debajo de la mesa de la cocina. Tenía cara de decepción. Aquello no era tan divertido como había imaginado. Tuve que simular que la reñía un poco, para que mi madre creyera que me esforzaba por educar a mi gata. Ella maulló, quejándose, como si me estuviera diciendo: «¿Y para esto me cerráis la puerta? Si lo sé, ni lo intento».

De ídolos y fans

«Lo que dicen los gatos es cierto
nosotros somos de ellos y no al revés.»
ANGÉLICA FREITAS

Hay un tipo de persona que siempre me ha fascinado. La que confunde «ídolo» con «fan». Es decir, esas personas que se acercan a alguien a quien admiran y, en lugar de decirle «Soy fan tuyo», le dicen «Soy tu ídolo». En el edificio de mi madre, en Oviedo, vive una vecina que se llama Josefina. Nos profesamos un gran cariño mutuo. Es muy simpática y muy buena persona. Y muy forofa del Oviedo. Siempre que nos vemos, hablamos de si subiremos a Primera, bajaremos a Tercera o nos quedaremos como estamos. Suele leer mis artículos y, muchas veces, para decirme que le gustan, me comenta: «Soy tu ídolo». Aunque podría serlo perfectamente, doy por hecho que en realidad quiere decir que es mi «fan». Me parece una confusión muy tierna y graciosa. Espero que, si lee este libro, no deje de utilizarla.

Cuando Atún llegó a casa, se pasó varios días solo en un cuarto. Al ir a mediodía o regresar por la noche, el pobre estaba tan tranquilo. Tumbado encima de la cama. Pensé:

«Genial, va a ser un gato bueno, tranquilo y muy independiente». Fallé dos de tres. Es muy bueno, pero ni para quieto ni se separa un segundo de mí cuando estoy en casa.

Voy a decir algo que puede sonar muy fuerte, pero que está basado en hechos irrefutables: creo que no hay ningún ser vivo en el mundo que me quiera tanto como Atún. Desde que llego a casa hasta que salgo, se pasa prácticamente todo el tiempo pegado a mí. Pegado de manera literal. Es como si necesitara tener siempre algún tipo de contacto conmigo. Por lo general, se tumba de tal forma que su costado queda contra una de mis piernas o contra mi espalda. Si, por alguna razón, la postura no se le acopla, extiende una zarpa para ponerla en contacto con alguna parte de mi cuerpo. Pero él tiene que estar en contacto. Si no, no duerme.

Tenemos, incluso, un acuerdo a la hora de tumbarnos en el sofá. Durante la primera media hora, se ubica en el hueco entre mis piernas, por encima de la manta. Después, cuando empieza a tener sueño de verdad, se despereza, sube hasta mi pecho y me da con la pata, para que levante la manta y él pueda meterse debajo y ponerse entre mis pies. Se queda allí dormido un buen rato y, cuando despierta, sale por la parte de abajo y me deja los pies al descubierto. Cosa que, como comprenderán, me hace una gracia terrible.

Cuando me ducho, golpea de forma mecánica la mampara, intentando bien abrirla, bien coger las gotas que se deslizan por el cristal. Camina junto a mí en todos los paseos que doy por la casa, se tumba en la mesa durante el desayuno, el almuerzo o la cena. Se coloca tras la pantalla del ordenador cuando trabajo o escribo. Si me calzo los zapatos, muerde los cordones. Me acompaña hasta la puerta. Sale a recibirme cuando llego. Si no está esperando, me lo encuentro durmiendo sobre una camisa o un pantalón que he dejado sobre la cama (rara vez, ¿eh?, que soy muy ordenado).

Esa escena me genera siempre cierta ternura y melancolía, porque me lo imagino al pobre todo el día esperando a que se abra la puerta. También me imagino a Mía dejando prendas de ropa por ahí, a modo de señuelos, para evitar que Atún se eche a dormir a su lado y, de paso, hacer que su dueño parezca un ser desordenado ante las visitas.

Cuando Atún se coloca en su lugar favorito –el hueco que queda entre mis rodillas– siempre pienso que vive como un rey. Se tumba, además, dándome la espalda, con lo que en realidad no sé si está durmiendo o mirando la tele. A veces, le hago fotos y las mando, añadiendo que es el ser que mejor vive de España. Y añado que es mi ídolo. Es decir, que por extensión, soy fan suyo.

Una vez leí que los gatos consideran que las casas son suyas. Y la casa incluye la cama o el sofá, claro. Y empecé a pensar que a lo mejor Atún, cuando se tumba conmigo en la cama o en el sofá, está pensando que menuda cara más dura que tengo, que qué hago ahí todas las noches, ocupando su espacio. Quizá es por eso por lo que ni me mira.

Después de darle muchas vueltas al asunto, he llegado a una conclusión muy sensata y cabal: puede ser que Atún, en el universo paralelo de los gatos, esté contando a sus amigos que en su casa vive un tipo que no se separa de él, que come en su mesa, se ducha en su baño y que, casi con toda probabilidad, es el ser vivo que más lo quiere.

Es probable que Atún, en sus elucubraciones felinas, haya llegado a la conclusión de que soy fan suyo. No va muy desencaminado.

¿Enseñaron los egipcios a los gatos a dominar el mundo?

«¡Ah!, los gatos son unos seres misteriosos. Tienen más cosas en su mente de las que nos imaginamos, sin duda a causa de su familiaridad con brujas y hechiceros.»
SIR WALTER SCOTT

¿Su gato hace lo que le da la gana? ¿Pasa olímpicamente de todas las órdenes que le da? ¿Le mira con cara de no haber roto un plato después de haber roto un plato? ¿Le pone ojitos cuando lo agarra para reprenderlo? ¿Consigue siempre lo que quiere? Es bastante probable que la respuesta a todas esas preguntas sea un sí. Y también que hayamos dado por perdida la posibilidad de dominar al felino. En este capítulo no encontrarán una solución contra la dictadura de los gatos domésticos, pero sí algo de consuelo. Un estudio de la revista *Nature* plantea la opción de que fueran los egipcios los que modificaron la conducta de los gatos domésticos. Es decir, que podría haber sido una civilización bastante más inteligente que la nuestra la que los programó para dominar el mundo. Dicho de otra forma, que no es culpa nuestra, que no somos tan inútiles como parece: venían muy bien entrenados.

El proceso de domesticación de los gatos (tal vez deberíamos llamarlo «proceso de adiestramiento para gobernar el mundo cuando exista internet») comenzó en Oriente Próximo y en Egipto, cuando los gatos, que no los humanos, decidieron que así fuera. ¿El motivo? La aparición de los almacenes de comida, que atraían a los ratones y, por ende, a los gatos. Algo interesante debieron de ver los felinos en nuestra raza, ya que se produjo entonces (en torno al año 10.000 a. C.) la división entre los gatos silvestres y los domésticos. En 2004 se descubrió en Chipre un gato que había sido enterrado junto a un ser humano 9.500 años antes de Cristo.

El asunto es que los egipcios, que iban a una velocidad distinta de la de sus coetáneos, se dedicaron a seleccionar a los gatos más sociales, a los que mejor se adaptaban a los humanos y a los que eran menos territoriales. Lo que nos lleva a varias preguntas importantes que, desgraciadamente, se quedan sin respuesta: con lo listos que eran los egipcios, ¿cómo se les ocurrió semejante idea? ¿No veían que los gatos los estaban utilizando para dominar el mundo? Y, sobre todo, ¿cómo de antisociales y de territoriales eran antes estas fieras?

Lo que sí confirma el estudio, a partir de numerosas muestras de ADN rescatadas de yacimientos en Egipto, son algunas cosas que los dueños de gatos ya sabíamos. Por ejemplo, que en todos estos siglos han cambiado poco (por no decir nada) o que mandan en cuatro de los cinco continentes (¿adivinan en cuál pasan de vivir?). Y también ofrece algunos detalles curiosos; por ejemplo, que los gatos comenzaron a cambiar el color del pelaje en el siglo XIV, mucho más tarde que los perros o los caballos. Parece un detalle menor, pero no lo es, porque tiene mucho que ver con su domesticación; los perros y los caballos pasaron mucho antes por el aro. Por lo visto, los gatos también hacen lo que les da la gana con su genética.

Es bastante fuerte, porque en las primeras imágenes que los egipcios reprodujeron de ellos, aparecen como empleados del hogar. Salen cazando ratones, que es para lo que se los metió en casa. Después, en algunos dibujos, empiezan a aparecer debajo de mesas: siguen saliendo con un roedor bajo las zarpas, pero ya están dentro del hogar. Y, de repente, sin que nadie sepa por qué, hala, ya los consideran dioses, los momifican y los entierran con todos los honores. Ríanse ustedes de la meritocracia.

Quizás alguien podría pensar que, de alguna manera, los gatos han involucionado. Siguen teniendo la consideración de dioses –eso sí, domésticos–, pero han cambiado las majestuosas pirámides por casas normales y, sobre todo, están con una civilización de la que poco pueden aprender. Pero nada más lejos de la realidad. Se hallan en el punto más alto de su dominio sobre el ser humano. A mí me lo recuerdan cada vez que voy a limpiarles el arenero: no es solo el hecho de recogerles las cacas y los pises, es la displicencia con la que se acercan cada vez que me toca hacerlo. Como si estuvieran comprobando que lo hago como un dios –es decir, un gato– manda.

Los dos (o tres) días en los que Atún fue un gato tranquilo

«¡Es el gato! –exclamó Louisa señalando
al felino, que estaba tranquilamente sentado
en la banqueta del piano–. Ya lo verás:
¡no te vas a creer lo que ha pasado!»
ROALD DAHL

Los teléfonos inteligentes no nos espían tan bien como creemos. Por lo menos a los humanos que compartimos casa con gatos. Si lo hicieran de una forma tan profesional como sospechamos, a mí deberían salirme todo el rato anuncios de latas de atún en conserva o, incluso, de ofertas para adquirir barcos atuneros. ¿Por qué digo esto? Pues porque me paso el día diciendo el nombre de mi segundo gato: Atún. Claro que también puede ser que el teléfono sea mucho más inteligente y paciente de lo que creo y que, como el nombre de Atún suele ir acompañado de «¡No!», me considere un *atunófobo* o algo parecido.

Atún es un gato muy inquieto. Es verdad que aún es muy joven –cuando escribo estas líneas cumple ocho meses–, pero tiene una energía, una necesidad de movimiento y unas ganas de hablar que no puede con ellas. Se pasa el día hablando. A veces incluso construye frases. Me recuerda un poco a ese sonido que emiten a veces los pavos reales, que parece que estén diciendo «¡Me ahogo!» (al menos los pavos reales que hay en el Campo de San Francisco de Oviedo).

Hasta el momento, solo ha habido dos días en los que el pequeño de la familia ha estado calmado: los que siguieron a su castración, que es el tema del que trata este capítulo, pero me parecía un poco duro arrancar el texto hablando de «castración», así en frío. Por eso les he hecho esta introducción, tras la que sin duda ya estamos todos preparados para hablar del tema.

Por diferentes motivos –principalmente de salud– decidí pasarle la tijera a Atún. Ya lo había hecho con Mía en su momento, y como Atunete tampoco va a tener descendencia, tomé la misma decisión: así se le evita el sufrimiento del celo y se le ahorran posibilidades de desarrollar algunas enfermedades. Dicen que con los segundos –hijos o gatos, da igual– se sufre menos. Que el que llega más tarde ya tiene el campo abierto gracias al primero y sus padres o dueños se preocupan menos por ellos. Mentira. Mentira cochina. Menos si tu padre o dueño es un agonías que traslada sus miedos a los pobres animales, que son felices en su inconsciencia consciente.

Como soy bastante maniático, decidí hacer la operación de Atún más o menos en la misma fecha en la que se la hice a Mía: en torno a diciembre. Podrían pensar que esa decisión respondía a algún tipo de criterio veterinario o científico, pero no. Era únicamente fruto de la pedrada que tengo en la cabeza. Me explico: siempre que me enfrento a un momento importante –laboral, personal, etc.– intento repetir lo que hice en otro momento similar y que, obviamente, salió bien. Por ejemplo, cuando voy a ver un partido del Oviedo, repito el trayecto que hice en la última victoria. El problema es que puede hacer tanto tiempo de la última victoria que hasta es posible que haya cambiado el diseño urbanístico de la ciudad.

A ver, que me lío. Quería hacer la operación un viernes, para poder estar en casa los dos días inmediatamente posteriores a la cirugía (hablo como si fuera a operarlo yo, pero no. Todavía no estoy en ese punto). La operación de Mía fue muy bien, pero por la noche, tras llegar a casa, decidió comenzar a lamerse los puntos y al amanecer aquello era un festival de costuras fuera de sitio, por lo que hubo que llevarla a urgencias a coser de nuevo. El collar isabelino le duraba puesto un minuto.

Con la lección aprendida, me informé sobre los peligros de la operación y el posoperatorio de Atún. Les hago un resumen: básicamente ninguno. En los machos es todo mucho más sencillo. Pero ¿pueden los datos objetivos y las estadísticas calmar al dueño de un gato? Por supuesto que no.

Esto que voy a decir es un poco melodramático, pero se me rompió el corazón al dejar a Atún en la clínica. Ya la noche antes andaba nervioso (hablo de mí), y no hacía más que pensar en el pobre gato, metido en el transportín toda la mañana, sin conocer el lugar, sin entender lo que estaba ocurriendo... Me lo imaginaba allí pensando que lo había abandonado o yo qué sé.

Es curioso, pero mientras íbamos a la clínica, en el taxi,

no dijo ni miau. Él, que no calla ni debajo del agua, debía de intuir de alguna forma que aquella no era una visita normal al veterinario. Por cierto, el taxista que me llevó me contó que él de gatos no, pero de caballos sí que sabía mucho. Doy fe.

Al dejarlo en el mostrador, me hicieron firmar ese horrible documento que no dice nada bueno y en el que te plantean todos los escenarios apocalípticos y alguno más, no vaya a ser que te quedes tranquilo.

Intenté cruzar una mirada de camaradería con la persona que estaba en recepción. Eché un último vistazo a Atún y me despedí con un «cuidadlo bien, por favor». La señora me miró con cara de «el que necesita que lo cuiden aquí eres tú, sobre todo en el aspecto mental».

Como me habían dicho que me llamarían una vez hubiera terminado la operación, me pasé la mañana pendiente del móvil. Allí no llamaba nadie. Las doce. Nada. La una. Nada. Las dos. Nada. A las 14:31 el teléfono comenzó a sonar, una voz celestial me dijo que había ido todo bien y que podía pasar a buscar a Atún cuando quisiera. Y claro, quería ir ya, pero no podía porque tengo un trabajo.

Pasé a por el gato a media tarde. Llevaba el collar isabelino y, aunque se notaba que no entendía muy bien qué demonios era aquel plástico, lo portaba con cierta dignidad. Fue una situación un poco ridícula, ya que estábamos allí varias personas y una auxiliar iba saliendo con los animales y llamándonos con la pregunta «¿Dueños de...?». Y claro, cuando llegó mi turno, salió y dijo «¿Dueños de Atún?», hubo cierto recochineo en la sala. La verdad es que cuando decidí el nombre no se me había pasado por la cabeza que viviría un momento así.

Al llegar a casa, nada más salir del transportín, dio sus primeros pasos y parecía que llevaba una castaña fina. Las piernas le fallaban un poco y se iba para los lados. Efectos secundarios de la anestesia. Como me habían dicho que no debía comer ni beber de inmediato, retiré los comederos y bebederos. Mía me observaba con cara de no entender el porqué de aquellos daños colaterales.

Creo que fueron los dos o tres días más tranquilos desde que Atún está en casa. Se notaba que el pobre estaba cansado y dolorido. Seguía sin entender qué hacía dentro de un cono, pero lo llevaba bastante bien. Por las noches, se subía a la cama y se tumbaba a mi lado. Como es bastante impulsivo, cuando tenía que comer o beber iba empujando el recipiente hasta que una pared hacía de tope y aquello se quedaba quieto.

Pero estaba calmado. Incluso Mía recuperó alguna de sus costumbres olvidadas, como subirse al piso más alto del rascador o venir a visitarme por las noches. Normalmente no podía hacerlo porque de inmediato aparecía Atún para «abrazarla» y jugar «tranquilamente» con ella.

Por unos momentos, Mía y un servidor soñamos con la idea de que aquella cirugía hubiera tenido el efecto secundario de calmar al pequeño Atún. Nos vimos viviendo una vida plena, de tardes de domingo en silencio, sin carreras repentinas, sin ningún ser tratando de meterse por la fuerza bajo la manta.

Pero no. Fue un espejismo. Atún sigue hoy tan inquieto, curioso y enérgico como el primer día. Continúa con su media de romper un vaso o plato al mes. Sigue maullando para que le dé de comer o para explicarme –supongo– lo que ha hecho durante el día. No ha dejado de pasar por encima de mi cabeza a las tantas de la madrugada y, cada día, corre a abrazar a Mía cuando está durmiendo en su rincón favorito. A veces Mía y yo nos cabreamos, pero luego nos acordamos de lo preocupados que estuvimos aquella mañana en la que Atún estuvo en el quirófano y se nos pasa rápido. El carácter de los gatos es una lotería y nosotros estamos encantados con la pequeña revolución que nos ha tocado. Aunque los teléfonos inteligentes no sean capaces de detectarlo.

Días para ser gato (I)

> «Siempre que observamos con atención
> a un gato, tenemos la sensación de que en su
> interior hay un hombre que se burla de nosotros.»
> ELIAS CANETTI

«¿Tú crees que los patos saben que es Navidad?». Esa fue la pregunta que lanzó mi amigo Miguel una Nochevieja, mientras cruzábamos el Campo de San Francisco de Oviedo. Ni las horas ni el frío invitaban a quedarse allí a filosofar sobre el asunto, pero el debate continuó en el camino. Dimos por hecho que los peces del estanque desde luego que no; los patos y pavos, a lo mejor un poco (tampoco mucho); pero los que seguro que se enteraban eran los perros y los gatos. (No entramos en la fauna salvaje, ya que el camino era corto. Estábamos en Oviedo, no en Nueva York).

Años después, los dos adoptamos una gata. Una mañana de los primeros días del primer confinamiento le envié un mensaje para preguntarle si Lola, la suya, se daba cuenta de que estaba pasando algo. «Sí, sí, sí, más cariñosa que nunca, si cabe. Flipando de que estemos todo el día en casa», fue su respuesta.

Mía y Atún también pasaron el inicio de la pandemia sorprendidos. Cuando iba a recoger la ropa de la lavadora, me los encontraba a los dos esperándome en el pasillo, sentados uno al lado del otro, mirándome con cara de «Oye, ¿tú por qué te pasas todo el día en casa? ¿Tienes algo que contarnos?». Normalmente, cuando llegaba a casa, se acercaban a recibirme y me hacían un poco de fiesta (se tumbaban panza arriba, se restregaban contra mí). Durante aquellos días se dedicaban a seguirme por el piso, como si sospecharan de mis actos. Y me hacían la fiesta cuando salía de casa a bajar la basura o a la compra, claro. Notaba cierta cara de insatisfacción cuando comprobaban que volvía a los cinco minutos.

Hay quienes dicen que los que convivimos con animales y estamos un poco derivados de la cabeza les atribuimos capacidades humanas que no tienen. Puede ser. Pero el caso es que algo notan. A ver, tampoco hay que ser un hacha para darse cuenta de que tu dueño lleva tropecientos días sin salir de casa, de que en la calle solo se ve gente con perros (de eso hablaremos luego) o de que se oyen perfectamente los pájaros o las campanas de las iglesias. No sé a ustedes, pero a mí, cuando lloro, Mía se me acerca y pega la cara a la mía. No sé si se da cuenta o qué, pero los cambios de humor le llaman la atención.

Esos días sirvieron también para conocer mejor a nuestros animales de compañía. Los dueños de gatos nos preguntamos muchas veces qué harán cuando no estamos en casa. Pues bien, lo que hacen es dormir, básicamente. Duermen entre doce y dieciséis horas al día. Es decir, son seres casi perfectos para el aislamiento. Lo que no sé es si, al estar yo en casa, dejaban de hacer las cosas que normalmente hacen. Por ejemplo, durante los primeros días de encierro no los vi rascar el sofá en ningún momento.

Cuando se decretó en España el primer confinamiento, Mía tenía casi cuatro años y Atún diez meses. Estaban todo el día a la gresca. Cuando no era uno, era la otra. Atún tenía la energía de la niñez y Mía es aplicadamente sinuosa para montar lío: siempre consigue que la culpa parezca de Atún. En aquellos primeros días se llevaron algo mejor. Las broncas fueron más esporádicas. Incluso dormían juntos y se aseaban el uno al otro.

Pero, ojo, eso no quiere decir que se adaptaran a las nuevas circunstancias. Atún me despertaba cada día a las 7:25, es decir, unos minutos antes de que sonara el despertador. Decía Jim Davis: «Los gatos saben por instinto la hora exacta a la que van a despertarse sus dueños, y los despiertan diez minutos antes». Atún me deja esos cinco minutos de cortesía, pero incluso en confinamiento, siguió siendo puñeteramente gato.

Porque no dejan de ser gatos, claro. Comencé en aquellos días una partida de ajedrez virtual pero real con mi amigo Jaime: con un tablero físico, nos íbamos enviando fotos con los movimientos de ambos, de tal manera que había que mover las blancas y las negras (yo ya me entiendo). Pues bien, mi casa se convirtió en un ajedrez. Una torre en la habitación, un peón en el baño, el rey forzosamente enrocado tras una planta y Mía, claro, sentada en el centro del tablero, entre blancas y negras. Jaque mate.

También fueron días para profundizar en el debate sobre si es mejor mascota un perro o un gato. Resultó difícil no dejarse llevar por la euforia canina del momento. Los perros fueron un bien preciado, pues te permitían salir a pasear (que el dios de los animales castigue a todos aquellos irresponsables que adoptaron uno solo para poder salir de casa y lo abandonaron después). Eran una especie de salvoconducto. Tenía amigos que sacaban a su perro cinco veces al día. Pero no eran tiempos de enfrentamiento, sino de estar unidos. Los perros, por lo que decían sus dueños, también se sorprendían con lo que estaba pasando. Solo veían a otros perros por la calle y se encontraban los parques cerrados. Tampoco había que ser un lince (felino) para darse cuenta de que algo pasaba. Desde la altivez que otorga convivir con un gato, los que compartimos la vida con uno saludábamos a los dueños de perros y nos congratulábamos de que sus animales los ayudaran en una situación que, de alguna manera, compensaba un poco todos esos madrugones y esas noches de lluvia en las que también hay que salir a la calle.

Fueron días raros. De veinticuatro horas en casa. De gatos que aparecían en las reuniones de teletrabajo (arrancando una sonrisa a los participantes), pues ya se sabe que nada debe interponerse entre la atención de uno y el felino. En el fondo, todos nos convertimos un poco en gatos. Aprendimos lo difícil que es racionar las visitas a la nevera-comedero si estás todo el día en casa. Y lo fácil que es quedarse dormido en el sofá una vez terminada la jornada laboral. Pero fueron días precisamente para eso: para ser gatos. No era tan mala estrategia: es el único animal que ha logrado dominar internet sin necesidad de manejar la tecnología. Por algo les estará yendo tan bien.

¿A quién quieres más?

«Nunca me ha gustado nadie a quien le disgustan los gatos, porque siempre he encontrado un elemento de egoísmo agudo en sus disposiciones.»
RAYMOND CHANDLER

Alguien –no recuerdo quién– me hizo esa pregunta que casi todas las personas han tenido que contestar en algún momento de su vida. La forma original es: «¿A quién quieres más, a mamá o a papá?». Afortunadamente, había esquivado esa versión infantil. Quiero pensar que porque mis padres la habían agotado ya con mis dos hermanos mayores –fui una especie de hijo-nieto para ellos– y no porque les diera absolutamente igual mi preferencia.

«¿A quién quieres más? ¿A Mía o a Atún?», me espetaron. Así, en frío. No me lo esperaba. Y tampoco tenía respuesta. Salí del paso como pude: «A ver... es un cariño diferente. No es que quiera más a una que a otro. Los quiero a los dos por igual, pero a cada uno a su manera, porque la relación que tengo con cada uno de ellos es diferente y única». La verdad es que, para no tenerlo preparado, no me salió del todo mal. Claro que también puede ser que me esté imaginando que esa fue mi respuesta cuando, en realidad, balbuceé alguna tontería incongruente.

Más allá de que al igual que a usted, querido lector, a un servidor también se le ocurren las mejores respuestas cuando han pasado ya horas desde el momento en el que le tocaba hablar, la preguntita de las narices me hizo reflexionar sobre el amor hacia mis dos gatos. Como no podía repartirlo, hice una valoración sobre detalles de su personalidad.

¿Quién es más cariñoso?

Atún es un poco gato-perro (no sé por qué se utiliza esa expresión, pero está muy extendida entre los gatunos). Siempre está buscándome y restregando su hocico contra mí. Y se pueden contar con los dedos de una mano los días que no duerme conmigo en la cama. Mía es más rácana para el cariño. Pero ojo, cuando lo da, te derrites.

¿Quién es más formal?

Mía siempre guarda las formas. Sobre todo cuando vienen visitas, a las que ignora muy educadamente. De hecho, la pregunta más común es: «¿Y Mía?». Porque, claro, Atún se pasa el día subiéndose a la mesa, maullando y pidiendo que lo acaricien. Creo que tengo que hablar con sus profesores...

¿Quién es más cascarrabias?

Sin ninguna duda, Mía, que es muy suya. Y no le gusta que le toquen las zarpas. Y le gusta estar a su aire, dormir sus horas y que la acaricien solo cuando ella quiere que la acaricien. Y cuando no le apetece jugar y Atún se acerca a ella, bufa y hace ese sonido extraño que hacen los gatos cuando están muy muy (pero que muy) cabreados y parece que van a empezar a echar fuego por la boca. En los dos años que lleva en casa, Atún nunca ha bufado. Si me preguntan por una definición de cabreo, diría que es la cara de Mía, después de una noche de ayuno, en el momento en que la acabo de meter en su transportín para ir al veterinario.

¿Quién es más comilón?

Tengo dos gatos que adoran comer. Lo disfrutan tanto que hasta me da pena tener que medirles las raciones diarias. La ilusión con la que se encaminan a los comederos cuando escuchan las palabras mágicas debe de ser algo bastante parecido al éxtasis felino. Eso sí, en cuanto a velocidad, Atún se lleva la palma. Y cuando termina su ración, se pone a esperar detrás de Mía, por si deja algo en el plato.

¿Quién es más cotilla?

Esta pregunta es complicada de contestar. Diría que hay un empate. Atún se pasa el día pegado a mí, con lo que es permanentemente cotilla. Es bastante improbable que suceda algo en la casa sin que él se entere, porque siempre está donde suceden las cosas (o, por lo menos, las cosas que me suceden a mí y puedo contar). Mía, por su parte, es muy fina para el arte del cotilleo. No sé cómo lo hace, pero sabe exactamente en qué momento está sucediendo algo interesante (algo que a los gatos les resulte interesante, quiero decir) y siempre aparece en el instante oportuno.

¿Quién es más abierto?

Atún. Demasiado, de hecho. Le encanta que venga gente a

casa. Sale a saludarlos hasta la puerta –Mía huye despavorida– y los trata como si los conociera de siempre. Creo que él piensa que son personas a quienes puede convencer para que le den comida y premios extra. No sospecha que desconocen qué se guarda en cada armario de la casa. Si fuera un hijo, se podría decir de él la mítica frase de «¿Este? Lo dejas solo y se marcha con cualquiera encantado de la vida».

¿Quién rasca mejor el sofá?

Digamos que son dos estilos diferentes. Mía es más metódica. Ha ido cavando una suerte de túnel en uno de los brazos del sofá. A día de hoy, prácticamente ha llegado al centro de la Tierra, porque dudo que le quede mucho más espacio para avanzar. Atún es un sindiós. Un día rasca en un brazo, otro día rasca un cojín y otro día se confunde y me rasca a mí la pierna. A veces, hace una cosa muy graciosa: va caminando y, a la que pasa, rasca un poco como quien no quiere la cosa. Y sigue su trayecto.

¿Quién sale mejor en las fotos?

Atún es muy fotogénico. No sé cómo lo hace, pero siempre sale bien. Y luego no se crean ustedes que es un efebo, ¿eh? En realidad, es un poco contrahecho. Cuando lo ves caminar de frente, parece que tiene los hombros casi a la altura de las orejas. Pero es poner una cámara y ya sabe que tiene que posar. Y lo hace divinamente. Mía es más difícil para las fotos. Hay que pillarla en un momento que le apetezca y, cuando la cojo caminando, termina saliendo el bandullo ese que le cuelga de la barriga y que se parece tanto al michelín de su dueño.

¿Quién es más valiente?
Mía. Tiene más espíritu aventurero. Cuando llego a casa, siempre intenta escapar y, si lo logra, sube por las escaleras husmeándolo todo. Está empeñada en subir hasta la puerta de Modesta, mi vecina de arriba. Va hasta allí y se queda quieta sobre el felpudo. Atún, sin embargo, mira a su hermana con incredulidad y se queda en el quicio de la puerta. No se atreve a salir. Quizás sea una cuestión de practicidad: como ve que Mía vuelve en volandas, piensa que salir para nada es tontería.

¿Quién es más torpe?
No sé cuál es el porcentaje de gatos torpes, pero tranquilo, querido lector, porque es bastante probable que el suyo no lo sea: YA ME TOCARON A MÍ DOS CEBOLLINOS. De verdad que es muy fuerte, ¿eh? Lo de que Mía no era la gata más ágil del mundo ya lo tenía asumido. Cuando corre, se va chocando con todo. Pero es que Atún es peor todavía. Lo resumiré con dos escenas: un día, al darse la vuelta para dirigirse a la cocina, se chocó con el armario de la televisión. No iba corriendo, ni mucho menos. Es que además puso cara de «*Joé*, qué leche más tonta me acabo de dar». En otra ocasión, iba a saltar desde la encimera a la isla de la cocina. Es un salto de menos de un metro. Les juro que percibí perfectamente en su cara cómo cambiaba de opinión en mitad del salto y, claro, se dio con la cara contra el mármol y se fue al suelo. Me hace muy feliz que mis gatos se parezcan a mí en algo más que en los michelines.

¿Quién se porta mejor en el veterinario?
Atún. No es que le guste, es que lo goza. El drama está en

lograr que entre en el transportín. Como ya ha aprendido, en cuanto lo ve por casa se esconde. Y, una vez dentro, ha desarrollado una técnica para escaparse en los segundos que tardo entre empujarlo dentro y cerrar la puerta. Luego, por el camino, para variar, va maullando. Una vez allí, se tumba panza arriba y ronronea. Y me deja mal, porque en casa es imposible cortarle las uñas, pero allí parece que está en una sesión de belleza. Mía pone las orejas en posición de cabreo nada más entrar en el transportín y no las recoloca hasta que vuelve a casa. De hecho, los veterinarios tienen que hacérselo todo sin sacarla de la caja (levantan la parte superior). Y se tienen que poner guantes, ya que lanza unos buenos mordiscos. Cuando llevo a Mía, salgo de la sala. No me gusta nada verla así. De vuelta a casa, me castiga con su indiferencia durante unas horas. Y, luego, las orejas vuelven a su posición habitual.

Vale, todo esto está muy bien, pero a ver: ¿a quién quieres más? ¿A Mía o a Atún?

Afortunadamente, no tengo obligación de elegir. Unos días quiero más a Mía y otros a Atún. Exactamente igual que ellos, que hay días en que me quieren más y otros en los que me quieren menos. Lo que sí es constante es que los quiero con locura a los dos. Y que, desde luego, jamás pensé que se pudiera querer tanto a un animal. En este caso, a dos. Que lo que les quería decir es que soy doblemente afortunado, vaya.

El gato que susurraba a los humanos (a las seis de la mañana)

> «–No sabía que los gatos de Cheshire
> estuvieran siempre sonriendo; de hecho,
> no sabía que los gatos pudieran sonreír.
> –Todos pueden –dijo la Duquesa–,
> y muchos lo hacen.»
> LEWIS CARROLL

Durante sus primeros meses en casa, Atún se portó bastante bien. Era un cachorro inquieto y cariñoso. Los arañazos y los mordiscos suaves (o no tanto) formaban parte del juego y, cuando lo reñía, se ponía a jugar inmediatamente con otra cosa que no fuera alguna parte de mi cuerpo. Entendió enseguida que bastaba con dejar cinco minutos entre ataque y ataque para que me olvidara de lo que acababa de hacer.

Desde los primeros días decidió dormir conmigo en la cama. Era muy gracioso, porque había noches en las que apoyaba la cabeza sobre la almohada y se echaba a dormir como si fuera un paisanín. Eligió el lado derecho (menos mal, porque después de toda una vida durmiendo en el lado izquierdo, no me habría hecho mucha gracia cambiar a estas alturas; y todos sabemos que habría sido la única solución). Y allí se quedaba. Había noches que roncaba y todo de lo a gusto que estaba.

Meses después, comenzó a cambiar de lugar. El hueco que quedaba entre mis piernas se convirtió en su espacio preferido, lo que dio pie a esa mítica escena que todos los que compartimos piso con gatos hemos protagonizado alguna vez: el momento en el que quieres cambiar de postura pero claro, el minino está ahí tan feliz, con las patitas entrecruzadas y la cara apoyada, durmiendo tan plácidamente que parece una postal... ¿Cómo vas a despertar al pobre animal? ¿Qué culpa tiene él de que seas un culo inquieto?

Comienzas entonces a practicar una serie de escorzos que al día siguiente te pasarán factura en forma de contracturas musculares. Primero haces movimientos leves, que parece que alivian la situación, pero no. Luego ya empiezas a reproducir la secuencia aquella de las películas en la que los héroes intentaban pasar por delante del monstruo dormido sin despertarlo. Pero claro, esto no es un monstruo, es un gato. Y los gatos son sensores móviles. Si es capaz de oír desde el otro extremo de la casa el instante preciso en el que un trozo de pavo se cae al suelo... ¿cómo no va a oír o sentir una sábana que se levanta debajo de su cuerpo como si fuera una ola gigante?

En resumen, que después de muchos esfuerzos, siempre terminas intentando la misma absurdidad: coger al gato de tal manera que lo muevas sin que apenas se dé cuenta, para dejarlo en la misma posición, pero en un punto de la cama que te permita a ti moverte como si fueras una persona que, en realidad, está durmiendo en su cama. Un poco como trasplantar una planta. Con una pequeña diferencia: que el gato no es una planta. Y se da cuenta en cuanto lo tocas. Y se despierta. Y se levanta. Y te pone mala cara. Y entonces ya tienes la noche hecha, porque encima de haber estado incómodo un buen rato, haciendo un esfuerzo por no despertarlo, te sientes mal y piensas que quizá podías haber aguantado cinco minutos más.

Y precisamente eso, si no podría aguantarse cinco minutos más, es lo que me pregunto desde el día en el que Atún decidió que en esta casa ponía él la hora de levantarse y que ni un ratito más ni un ratito menos, que ya está bien de dormir y que el día hay que aprovecharlo desde primera hora.

Al principio, me despertaba a las 7:25. En punto. Como me solía levantar a las 7:45, tampoco es que fuera un drama. Como durante el confinamiento por el coronavirus podía dormir un poco más, hubiera agradecido algo de propina, pero insisto en que tampoco era una gran diferencia. Sucedió que, a mitad de la cuarentena, Atún decidió adelantar el toque de diana. Como si hubiera adaptado su reloj al ho rario de verano.

Comenzó a despertarme cada día a base de maullidos. La táctica era muy sencilla y muy efectiva: se ponía a mi lado y maullaba con insistencia. Lo hace lo suficientemente lejos de la oreja como para no ser descortés (recuerdo que es un gato) y lo suficientemente cerca como para que sepas que está ahí, observándote mientras duermes (recuerdo que sigue siendo un gato).

Al principio, pensaba que aquella nueva moda tenía que ver con el hambre. Claro, Atún tiene hambre, por eso maúlla. Como Mía está un poco rellenita, tengo que controlar lo que comen. Por la mañana solía ponerles la ración de pienso y, por la noche, la comida húmeda. Decidí repartir el pienso entre la mañana y la noche, confiando en que Atún se saciara y no me reclamara comida de madrugada.

Me equivocaba. Ya la primera noche se plantó de nuevo a mi lado miagando con insistencia. Me levanté y vi que no les quedaba nada en el comedero a ninguno de los dos. Constaté que se van a gastar la herencia en pienso, pero, oye, como es suya, que hagan lo que quieran.

Una noche, decidí dejarles bastante comida para ver si era realmente el hambre lo que hacía que Atún me despertara cada madrugada. Pero no, no era el hambre. Allí estaba de nuevo Atún, mirándome con esos ojos azules despiertos y las orejas levantadas. Observándome con cara de «Pero ¿qué haces todavía en la cama?». Cada vez que yo iniciaba un movimiento, por leve que fuera, él daba por hecho que me disponía a levantarme y salía corriendo hacia la cocina. Cuando veía que no lo seguía, volvía a buscarme. Y vuelta a maullar.

Intenté dejarlo fuera algunos días, con la puerta cerrada. No sé cómo son de insistentes sus gatos, pero el pequeño de esta casa no se cansa nunca de llamar a la puerta. Al final era casi más incómodo tenerlo allí dándole a la zarpa que dentro de la habitación. Luego busqué la manera de dejarlo tumbado a mi lado, acariciándolo, para ver si se dormía. Tampoco. Maullaba y, al mismo tiempo, pasaba de un lado a otro por encima de mí. Lo han adivinado: no lo hacía saltando, sino marcando bien marcadas las zarpas a cada paso. Ahora sobre mi brazo, ahora sobre mi cara, ahora sobre mi pecho... Había leído que los gatos, al caminar, posan sus patas traseras sobre el mismo punto en el que han pisado con las delanteras. No sé yo...

No pregunten cómo, pero con el tiempo, me he dado cuenta de que lo único que Atún quería era que me levantara de la cama y que fuera hasta la cocina. No hace falta que le ponga comida –ya tiene de la noche anterior– ni que le sirva agua –lo mismo–: él lo que quiere es que salga de la cama y que camine para ir avanzando a mi lado, mientras maúlla y comenta la jugada a su manera.

Luego, si eso, ya puedo volver a la cama. E incluso es probable que él también venga y se quede un rato, pero nunca sin antes haber pasado a visitar la cocina, no vaya a ser que Atún se quede sin cumplir esa pequeña ilusión cotidiana.

Cada mañana, cuando repetimos el ritual, Atún sale corriendo desde la habitación. Yo lo sigo y, detrás, aparece Mía. Durante todo el rato que Atún dedica a intentar convencerme, ella está esperando pacientemente debajo de la cama. Cuando me ve arrancar, ella echa a correr y se pone también a mi lado. Cree que no me doy cuenta, pero percibo esa leve sonrisa de satisfacción por haber logrado manejar a su hermano pequeño para que me haga madrugar un día más, mientras ella sigue aparentando no haber roto un plato en su vida.

Confesión

«A los ojos del gato, todas las cosas
pertenecen a los gatos.»
PROVERBIO INGLÉS

Atún vive en mi casa, pero no es mi gato.

Atún es, en realidad, el gato de Alejandro.

Alejandro es el hijo de mis amigos Laura e Igor.

Un día, mirando el Instagram de Mía, descubrió a Atún.

Y le pareció excesivo que yo tuviera dos gatos y él ninguno.

Desde entonces, cuando alguien le pregunta, dice que Atún es suyo y que Pedro se lo cuida.

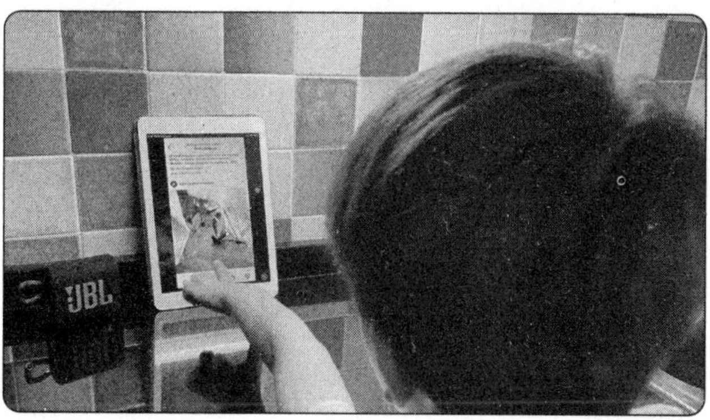

A mí me parece bien el trato.

Entra a verlo en el ordenador todos los días.

Atún es muy feliz sabiendo que Alejandro lo quiere tanto en la distancia.

Montar un rascador

«Me gustan los gatos porque son fieras con las que es fácil convivir, son elegantes, silenciosos y bellos, se pasean con total libertad por la casa y la transforman en un hogar.»
PATRICIA HIGHSMITH

Uno de los primeros consejos que te dan cuando adoptas un gato es que compres un rascador. Todo el mundo te advierte de que adquirirlo no significa que no vayan a rascar el sofá o los muebles, pero es una especie de placebo que los dueños de gatos nos vamos pasando de generación en generación. Cuando vemos que se afilan las uñas en el rascador, de alguna forma pensamos que la compra ha merecido la pena, que al menos estamos ahorrando unos cuantos arañazos en otro sitio. Es mentira, pero cada uno se consuela como quiere, oiga.

A las pocas semanas de llegar Mía a casa, encargué uno en Zooplus. El mundo de los rascadores –como casi todo lo que rodea a los gatos– es fascinante. Los hay de todos los tamaños, materiales y colores. Puedes encargar uno que ocupa lo mismo que una caja de zapatos o un modelo que cubre la distancia entre el suelo y el techo. Los hay simples y, también, algunos que parecen pequeñas réplicas de rascacielos, con conexiones entre sus plataformas, túneles y pequeños refugios. Los hay tan bien diseñados que te da casi más pena que rasquen ahí que en el sofá.

Por ejemplo, había uno que se llamaba «La casita de chocolate» y que incluía hamacas, casitas para dormir, esterillas, rampas y dos camas. Otro, de nombre Tigre Blanco XXL estaba, efectivamente, pensado para personas que tienen un zoo en casa o una mansión destinada a sus gatos. Tenía hasta una cueva. Eso sí, necesitabas prácticamente una habitación para instalarlo. El que más gracia me hacía era uno que se llamaba Rapunzel y que, según la descripción, era ideal «para afilarse las garras». Es decir, para ir posteriormente bien preparados a rascar el sofá o lo que se tercie.

Me decidí por un modelo, digamos, utilitario, de tres alturas y estructura sencilla. Más allá del tamaño, me preocupaba la complejidad para montarlo. Siempre fui un gran fan de los Legos, pero era el típico niño al que siempre se le quedaba una pieza en la mano después de completar la construcción. Y nunca era el tipo de pieza que puede venir repetida. (Lo de las piezas repetidas es otro consuelo que utilizamos los que somos muy manazas para no aceptar que la hemos vuelto a liar y ponernos a desmontar todo).

Cuando abrí el gigantesco paquete que me llegó, aún seguía pensando que sería fácil armar la estructura. Al fin y al cabo, solo eran seis pilotes con su cobertura de sisal, una base, tres plataformas y –aquí empezó el problema– cinco tornillos, además de una bolsa llena de anillas metálicas. ¿Para qué demonios necesitaba esos tornillos y esas anillas? ¿No habría sido más simple que los pilotes encajaran unos con otros y todos contentos? ¿No podrían haberme enviado el rascador montado?

Una hora después de iniciar el montaje, volví a aquella infancia rodeado de Legos y me encontré con un rascador supuestamente montado... y un tornillo y varias anillas en la mano. Visto de cerca, parecía que estaba todo en orden. Si te alejabas un poco, cantaba *La Traviata*. Las plataformas estaban inclinadas de tal manera que parecía una obra de arte abstracto.

Procedí a desmontarlo. Abrí de nuevo el libro de instrucciones. Me concienciée para utilizar todas las piezas. Incluso me mordí la lengua como se la muerde uno cuando está muy concentrado en hacer algo. Saben cómo les digo, ¿no? Pues bien, dio igual. Al terminar el proceso me vi de nuevo con las piezas sobrantes en la mano (al menos eran otras diferentes) y con las plataformas de nuevo inclinadas (eso sí, ahora en sentido contrario).

Como el perfeccionismo no es uno de los principales rasgos de mi carácter, decidí hacer un test de estrés a la estructura. Primero coloqué a Mía en el piso más alto. Luego, en el intermedio. Después, en el inferior. Ella se quedaba mirándome con cara de no entender lo que estaba pasando, pero he de decir que es una gran probadora de estabilidad de rascadores. Prueba superada.

Luego, para quedarme tranquilo del todo, la bajé y comencé a empujar el rascador de tal forma que quedara demostrado que aquello no se caería ni aunque llegara un huracán. Y sí, aguantaba, así que di por hecho que a Mía no le importaría mucho dormir un poco inclinada. Es más, viéndolo con mentalidad humana, estaría incluso un poco más cómoda. Y así –torcido– fue como se quedó durante tres años.

Hasta aquella tarde en el metro.

Era un lunes y salí relativamente pronto del trabajo. Relativamente pronto eran, antes de la pandemia, las ocho de la tarde. En la estación que está más cerca de la redacción de *EL PAÍS*, hay dos tramos de escaleras mecánicas. Cuando ya estaba a punto de terminar el segundo, miré hacia arriba y vi a una chica con la que me había cruzado alguna vez en el edificio y también en algún sarao.

Cruzamos primero una mirada. Luego, una sonrisa. Y la esperé. Comenzamos a hablar con naturalidad y, en algún momento de la conversación, salió el tema de los gatos. ¡Tenía un gato! En cuatro paradas de metro di por hecho que era la mujer de mi vida. Era lista, inteligente, simpática, rápida, guapa... ¡Y tenía un gato! ¿Qué más se le podía pedir a una tarde de un lunes de septiembre? Ya se lo digo yo: nada.

A los pocos días de aquel encuentro, le dejé en su silla un rascador para su gato. Se pueden imaginar las caras de sus compañeros cuando aparecí por allí y dejé la bolsa con el regalo. Para aumentar el ridículo, lo expliqué a todo el que me quiso escuchar: «Es un rascador. Para el gato». Todos los que lo estaban escuchando me miraban con cara de pensar que, bueno, que podía ser peor. En realidad, estaba dando un pequeño paso para mí, pero un gran paso para el mundo de las relaciones entre compañeros de empresa (que por alguna razón desconocida se ocultan como si, al hacerse públicas, te fueran a dividir las nóminas entre dos).

El rascador que le dejé tenía más o menos el tamaño de una caja de zapatos. Es de cartón y tiene tres agujeros en la parte superior que permiten que los gatos intenten cazar las pelotas de plástico que hay en su interior. Viene con un sobrecito de hierba gatera. Si alguien en Zooplus puede acceder a mi historial de compras –si ese alguien me está leyendo, te doy permiso, en este caso no importa la Ley de Protección de Datos– pensará que, o bien tengo acciones en la empresa que los fabrica o, mucho más probable, soy imbécil. Mi pasión por ese modelo de rascador es un caso digno de estudio, de verdad. Hubo un momento en el que quería que todo dueño de gato tuviera uno en casa. Y si no lo convencía para comprarlo, se lo regalaba. Es probable que haya comprado más de cincuenta. Es más, creo que he contribuido de forma decisiva a que aumente de precio. Al principio, lo compraba a cuatro o cinco euros. Hoy, está ya en 7,99. Hay marcas que pagan por conseguir esa relación con sus clientes. Y, por cierto, no estoy solo. El primero de los numerosos comentarios de clientes que acompañan la descripción del producto reza «QUIERO OTRO». Así, en mayúsculas. A ver si la hierba gatera va a ser otra cosa...

Pero a lo que vamos, que me lío. Empezamos a salir. Conocí a su gato. Un gato persa cuya nariz parecía un botón. Muy cariñoso. Un poco empanao. Cuando ronroneaba, no sabías si estaba roncando despierto. El pobre tenía dificultad para respirar. Vivía en una buena casa. Con una terraza enorme. No había riesgo de que saltara porque era bastante vaguete. Y, si le daba por saltar, no iba a llegar nunca hasta la altura del muro de la terraza, porque tampoco andaba muy sobrado de agilidad y estaba un poco rechoncho.

Ella también conoció a Mía y a Atún. Más al pequeño, en realidad. Lo trataba con mucho cariño. Le decía «Atún, hijo» con un tono de comprensión bastante entrañable. Y empatizaba con Mía. Decía que la pobre estaba sufriendo mucho con la llegada de Atún, pero que no me daba cuenta. Tenía su parte de razón, pero había una variable importante: Mía siempre había sido muy suya y, cuando había invitados en casa, se las piraba. Atún, sin embargo, es un zalamero y un gran anfitrión.

Una mañana, se fijó en el rascador. «Está torcido», me dijo. Y yo: «Bueno, sí, pero aguanta». «¿Qué te cuesta ponerlo recto?», replicó. Y empecé a explicarle que lo había intentado un par de veces y que, bueno, aquello era lo que me había salido.

De repente, se levantó. Se puso al lado del rascador y comenzó a desmontarlo. Fue colocando las piezas en el suelo. «¿Tienes las instrucciones?», preguntó sin mucha esperanza. A saber dónde estaban ya aquellas instrucciones... Y se puso a montarlo de nuevo. Lo hizo a conciencia: apretando

cada tornillo, ajustando cada anilla... Cuando terminó, no solo no le sobraba ninguna pieza, sino que las tres plataformas estaban perfectamente rectas. Yo había seguido el proceso con auténtica devoción. Me apasionaban aquella fuerza de voluntad, aquellas ganas de hacer las cosas bien, aquella habilidad con la que fue colocando cada pieza. Parecía un rascador distinto. Aún hoy parece un objeto totalmente diferente al que yo había montado en su día.

Aquella chica me dejó en febrero de 2020. Justo antes de que llegara la pandemia. El rascador sigue recto y estable.

Los gatos siempre ganan

«Debajo de su coche hay un gato. Quédese donde está hasta que decida salir. Gracias.»
EN UNA NOTA EN UN COCHE EN NUEVA YORK, 1956

En mi casa de Madrid tan solo queda un objeto de la anterior inquilina: una silla de asiento y respaldo amarillo pálido, de aquellas que había en los colegios para los primeros cursos. Me refiero a las que había en los colegios cuando la espalda de los alumnos le daba igual a todo el mundo, porque la verdad es que es mirarla, imaginarse un año entero sentándose ahí cada día, y le empieza a uno a doler todo el cuerpo como por arte de magia.

Cuando llegué a este edificio, la vecina del otro piso de mi rellano era una chica joven. Se llamaba Catalina y era escritora. Cuando se mudó (creo recordar que se fue a vivir a Valladolid), me dejó en herencia una costilla de Adán preciosa. Era una planta que venía en una maceta tan grande que parecía más bien destinada a un jardín, pero Catalina me explicó que no, que era una planta de interior y que, además, era muy agradecida: con regarla un par de veces por semana, más que de sobra. Perfecta para un desastre como yo.

Nunca había tenido plantas, así que cuando cerré la puerta me quedé con ella en la mano pensando: «¿Dónde pongo yo esto ahora?». Lo han adivinado: encima de la silla. (Por si les interesa, ahí va un truco que aprendí el otro día sobre los guiones: siempre que aparece un objeto y se habla de él, es que va a tener algún protagonismo en la historia, pero tranquilos, que sé que este es un libro sobre gatos y ya dejo de hablar de la silla).

La planta estuvo ahí varios años, haciendo la fotosíntesis a su ritmo, sin que nadie la molestara. Crecía, sus hojas cambiaban de color, se caían y le nacían otras. Una vida plena de planta, vaya. Únicamente la movía cuando venían muchos invitados a comer a casa y necesitábamos más sillas. La situación era un poco ridícula, porque la silla es tan baja que uno de los comensales parecía estar en otra dimensión. Estaba en la mesa, pero al mismo tiempo no estaba. La planta esperaba pacientemente a que termináramos de comer y la volviera a subir a su sitio. Nunca se quejó.

Mía dedicó sus primeros días a investigar el interior de la maceta. Al llegar a casa después de trabajar, me encontraba el suelo lleno de tierra, porque se había dedicado a escarbar y a sacar toda la que podía. No sé si pensaba que le había escondido ahí algún premio o qué, pero aquello era un festival del caos. Subí alguna foto a Instagram de ella con su obra de arte y algún seguidor me advirtió de que la planta podía ser venenosa para los gatos. Pero es que Mía no miraba para la planta. A ella lo que le interesaba era la tierra. En concreto, que la mayor cantidad posible de tierra estuviera fuera de la maceta.

Una mañana de domingo, se apoyó sobre sus dos patas traseras y se dispuso a iniciar su ritual. Como ya había aprendido que a los gatos no se les pueden enseñar muchas cosas (especialmente las que no les interesan), me limitaba a esperar a que se cansara de sacar arena, para luego ponerme a barrerla y devolverla a la maceta. Pero ese día, quizá porque ya no era un cachorro, la maceta cedió al apoyarse ella y cayó al suelo. Se pueden imaginar el susto que se llevó. Mía me miraba con expresión de no haber roto una maceta en su vida y, de alguna manera, me estaba diciendo que había que castigar a quien hubiera provocado aquel estropicio, que obviamente no era ella.

Los gatos no son tontos. Y tienen memoria. Mía no volvió a acercarse a la maceta para nada. La planta regresó a la plenitud de su vida fotosintética... hasta que llegó Atún. Bueno, más bien hasta que Atún cumplió un año, porque hasta aquel fatídico día, no le había dedicado ni una mísera mirada. Por eso, y a pesar de que algunos amigos me seguían diciendo que la planta podía ser peligrosa para los gatos, continuaba en su sitio.

Pero aquel día, en pleno primer confinamiento, algo hizo clic en la cabeza del pequeño. Era como si la planta hubiera aparecido de repente en su campo visual... y no existiera nada más. Me fijé en que empezaba a subirse y a tocarla con las zarpas. Pensé que acabaría tirándola, se llevaría el mismo susto que su hermana mayor y todos tan tranquilos en casa, de nuevo a hacer la fotosíntesis. Pero no. Porque Atún se lo come todo. Y cuando digo todo, es TO-DO. Le da igual comerse el mimbre del rascador, el sofá (él le saca el máximo provecho, porque lo rasca y se lo come), una bolsa de plástico o un papel.

Aquel día, había costilla de Adán para cenar.

Al principio, no me di cuenta de lo que estaba haciendo, pero cuando lo vi masticar, casi me da algo. Me vinieron a la cabeza todos los mensajes de advertencia que había recibido. Exactamente igual que en las películas, cuando unas imágenes se superponen a otras y una voz en *off* lee los mensajes. «¡Esa planta es venenosa para los gatos!», repetía dejando cierto eco dramático la voz que sonaba en esos momentos en mi cabeza.

Me levanté de la mesa y fui a apartarlo de allí, pero él se movió más rápido y salió volando a esconderse debajo del sofá con un trozo de hoja en la boca. Allí debajo lo masticó con parsimonia, mirándome mientras intentaba llegar hasta él con el brazo.

Cuando los gatos se meten debajo del sofá son perfectamente conscientes de hasta dónde te llega el brazo. Y se colocan justo un par de centímetros más allá, para que te dé rabia y tengas que romperte la cabeza buscando una forma de alcanzarlos. Y además, te miran con displicencia, como diciendo: «Pero ¿qué hace este tío?». Porque si tienes un poco de empatía, debe de ser bastante impactante la imagen de la cabeza al revés de un tipo que está intentando lanzar su brazo hasta ti.

Por alguna extraña razón, y a pesar de que lo había visto masticando, me puse en plan optimista y empecé a buscar el trozo de planta, pensando que tal vez, con la emoción de la carrera, se le había caído una parte al suelo. Pero no aparecía por ningún lado.

Hice entonces lo único que puede hacer un agonías en estos casos y que, obviamente, es lo último que se le recomienda a un agonías en estos casos: buscar en internet. Después de darme cuenta –a la segunda, lo confieso– de que ha-

bía escrito «Bocado de Adán» y de ver varias imágenes de nueces humanas, por fin di con la planta. Pero claro, ninguna era exactamente igual que la que tenía en casa, y a los agonías nos gusta ser muy exactos con las búsquedas que hacemos. Histéricos sí, pero rigurosos.

Hice una búsqueda nivel experto y di con los posibles síntomas por ingesta en gatos. «Vómitos, sialorrea (exceso de producción de saliva), irritación e inflamación de la lengua, del cuello, del esófago...».

Aquí entré en pánico. Saqué el móvil, le hice una foto a la planta y se la envié a Vero:

Yo: ¿Esta planta es tóxica? Porque ahora a Atún le ha dado por comérsela. Lleva aquí toda la vida y nunca se había dignado a mirarla. Y ahora está obsesionado. Ya se ha comido un trozo.

Vero: Espera...

Yo: Es un *Ficus pumila*. (Aclaración: no era un *Ficus pumila* ni un *Ficus pumilo*, pero en ese momento no sabía lo que decía y, al tiempo que hablaba con Vero, buscaba todo tipo de información en internet).

Vero: ¿Es esta? (Y adjuntó una foto de la planta).

Yo: Sí.

Vero: Pues quítala. Es tóxica.

Yo: Ay... Pero se ha comido un trozo.

Vero: Provoca alteraciones gastrointestinales. Espera.

Yo: ¿Qué hago? (Nótese la efectividad de los «Espera» de Vero).

Entonces Vero me mandó dos gráficos con todo lo que le podía pasar a Atún por haberse comido la planta.

Yo: Ay. ¿Y qué hago? Joder, vaya agobio. Es que no le ha hecho caso a la planta en la vida, *joé*.

Vero: A ver... si vomita tendrás que ir al veterinario a que le ponga algo... La diarrea igual se soluciona con dieta y algún probiótico.

Silencio durante unos segundos.

Vero: A ver... tranquilo... (Vale, Vero había entendido mi silencio).

Vero: ¿Cuánto hace que se la ha comido?

Yo: Cinco minutos.

Vero: Ábrele la boca.

Yo: ¿Y qué hago?

Vero: ¿Tiene la lengua inflamada?

Yo: No.

Vero: ¿Tienes antiinflamatorios para gatos en casa?

Yo: Creo que no...

Vero: Enséñame los medicamentos para gatos que tienes en casa.

Yo: No tengo nada. ¿Tengo que llevarlo a urgencias? Ay, que me da algo. (Aclaración: cuando escribo por WhatsApp meto mucho el «Ay» porque soy un melodramático y porque estudié Filología, que para algo tenía que servirme).

> Vero: A ver... nunca he tenido un gato intoxicado por esta planta la verdad... Sé que es tóxica y conozco los síntomas. Espera que pregunto en mi chat de felinos. Mientras, dale algo de comer.

(Fantástico, iba a ser pionero en intoxicaciones con esta planta. Nadie lo había logrado antes).

Empecé entonces a hablar solo, pero por escrito y en el chat con Vero:

> Yo: Es que nunca nunca le había hecho caso.

> Yo: Ni él ni Mía.

> Yo: Para tirarla y eso sí.

> Yo: Pero para comérsela, no.

Veinte minutos después, reapareció Vero.

> Vero: A ver... ninguno ha tenido un caso de intoxicación por esta planta (aún no me han contestado todos), pero no creen que le vaya a pasar nada...

(Genial, se confirma que soy pionero).

Vero: ¿Ha comido?

Yo: Sí. Pero a ver, a él le da igual comer un zapato que un chuletón. Se lo come todo.

Vero: #Merepresenta ☺ ☺ ☺

Vero: OK... Obsérvalo un par de horas... Ábrele la boca de vez en cuando para asegurarte de que no hay inflamación.

Yo: *Joé*, vaya agobio.

Vero: Llámame si ves algo raro.

Yo: Pero ¿se va a morir?

Vero: ¡¡¡¡No!!!!

Vero: Mira... No vas a pegar ojo... Creo que te va a compensar ir a urgencias... para que le pongan un antiinflamatorio y algo para prevenir los vómitos... Es que nunca he tenido un gato intoxicado por esa planta (ni nadie de mis contactos).

Le mando un vídeo a Vero.

Yo: ¿Tú lo ves bien?

Vero: Por lo que veo sí... Un gato que quiere dormir y el pesao de su dueño no lo deja. A ver, es una planta muy común. Seguro que más de un gato se la ha comido y no le ha pasado nada. Se supone que debería estar hipersalivando y está OK.

En ese momento llamé a la clínica veterinaria que estaba de urgencias. Les informé del caso y no parecieron preocuparse mucho. Me dijeron que, tal y como estábamos, en medio de una pandemia, recomendaban no ir salvo para casos graves.

Se lo dije a Vero.

Vero: Pues tranquilidad.

Yo: A ver, siento ser pesado. (Le vuelvo a mandar un vídeo). ¿Tú ves que respire normal y todo?

Pues nada de tranquilidad.

Vero: Sí... Se asea, eso es normal. Está bien, parece. Ni hipersaliva ni tiene síntomas de malestar ni tiene inflamada la lengua... Yo lo veo bien.

Vero: ¿Cómo era de grande el trozo?

Le envío una foto de lo que falta de la hoja.

Vero: ¡¡¡¡Eso no es nada hombre!!!! ¡Tira *pa'* la cama! ¡De verdad! ¡Pensaba que se había comido una hoja!

Una vez solucionado el asunto principal, aproveché que estaba hablando con Vero para redecorar la casa.

Yo: Pero ¿y ahora qué hago con la planta? (Ya está encerrada en un cuarto). Tengo que deshacerme de ella, ¿no? (Recuerden, melodramatismo. Filología).

Vero: Regalársela a tu vecino.

Yo: ¿Y qué plantas se pueden tener con gatos?

Vero: Ninguna... Las mías se las comen todas 😮. Esa planta tienes que sacarla de casa.

Yo: Puedo ponerla en el balcón.

Vero: ¡Perfecto! (Aquí se notaba ya que quería irse a dormir).

Yo: Me da pena. Lleva aquí desde siempre.

Vero: Es una planta preciosa, pero...
Los gatos siempre ganan.

(tyyyyyyyyyyyyyyygtrfffffff47u8y66) Y esto lo acaba de escribir Atún. Para que quede claro.

El día en que estuve a punto de convertirme en superhéroe

«No hay necesidad
de enseñar al gato a arañar.»
DICHO POPULAR

Hubo un día en el que estuve a punto de convertirme en superhéroe. Al final no lo hice y terminé la jornada consolando a Atún. Sé que suena un poco raro, pero tiene explicación.

Por lo general, intento ponerles a Mía y a Atún la comida húmeda cuando empiezo a prepararme la cena. Me aseguro, así, unos cinco minutos de tranquilidad. Cuando tienes gatos y vas a cocinar, optimizas tus movimientos de una forma espectacular. Debes mantener todos los ingredientes en tu radio de acción. No te puedes relajar. Porque todo lo que vayas a incluir en el menú les interesa. Y cuando cese el hipnótico movimiento del cuchillo, empezará el de las zarpas que quieren rapiñar algo. Para tocarte las narices, principalmente, porque luego vas encontrando pedazos de patata o de zanahoria desperdigados por la casa.

Aquella noche cenaba sentado en la mesa de la cocina. Champiñones a la plancha con un huevo frito, por si les interesa. Cuando Mía y Atún terminaron su plato, comenzaron a enredar por la zona del fregadero. Hay que decir que los felinos, en general, vienen muy bien educados de serie, porque no se levantan nunca de la mesa sin terminar la comida.

Estaba sentado de espaldas, por lo que solo podía intuir que la estaban liando. Tampoco es que me generara un gran interés. Los gatos, cuando no están durmiendo, la están liando. Forma parte de su esencia y de la gracia que tienen. Si nos pasáramos el día vigilando sus maldades, no tendríamos vida.

Días antes, había dejado una botella de sidra en el fregadero. Vacía, se entiende. Los asturianos no vamos dejando botellas de sidra llenas por ahí. Podría explicar el extraño laberinto mental que la hizo permanecer allí durante días, pero se lo voy a resumir, que no estamos para perder el tiempo: fue pereza, básicamente.

Y ya se sabe que la pereza es uno de los pecados capitales. Y que los pecados se pagan. Mía comenzó a jugar con la botella de sidra. Jugar, para ella, significaba darle primero con la zarpa izquierda. Luego, con la derecha. Y mirar sorprendida el balanceo posterior, como si ella no tuviera nada que ver. Cuando decidió imprimir más fuerza a sus zarpazos, la botella empezó a peligrar. Hasta que logró tirarla.

Al caer, provocó tal estrépito (la pereza no era solo para recoger la botella de sidra, había algún que otro plato y algún que otro vaso) que los dos gatos salieron despavoridos. Mía huyó en dirección a la ventana. Atún optó por una opción que incluía apoyarse en lo primero que se cruzó en su camino que, casualmente, fue mi espalda. Por alguna razón, no saltó directamente al suelo, sino que buscó un apoyo intermedio.

No les puedo describir con palabras el dolor que sentí. Estaba en medio de una videollamada con mi madre y mis hermanos y fue como si de repente me clavaran varios cuchillos en la espalda. A ver, que nunca me han clavado un cuchillo, afortunadamente, pero supongo que debe de ser algo parecido.

No dije nada a mis compañeros de conversación. No tengo ni idea de por qué. Cuando colgamos, me levanté y fui hasta el baño. Al levantar la camiseta me encontré con tres rayas rojas, curvas y paralelas, de unos diez centímetros cada una. Es decir, que no es que Atún se hubiera apoyado en mí, es que había derrapado sobre mí. Lo primero que hice fue sacar una foto de semejante avería. Se la envié a Vero para que me dijera si mi vida corría peligro.

Yo: No ha sido adrede, ¿eh? Se ha asustado y al saltar se ha apoyado en mí.

(Si se fijan, inicio la conversación exculpándolo, como si hiciera falta).

Vero: ¿Qué le has hecho?

Muy bien, Vero, ya sabemos de qué lado estás. Muchas gracias.

Yo: ¿Tengo que echar algo además de agua oxigenada? (Ya había echado agua oxigenada y dos antisépticos diferentes).

Vero: No... Los mordiscos se infectan, pero los arañazos es muy raro. Es un rasguño. Sobrevivirás.

Vaya por Dios, yo que me imaginaba ya protagonizando la secuela de *El rojo emblema del valor.*

La herida era tan perfecta que, por unos instantes, fantaseé con la posibilidad de convertirme en un superhéroe. Una especie de Catman (recuérdenme que luego les cuente mi anécdota con Catwoman). Era el inicio perfecto de una nueva saga. Un gato arañaba a un humano y le transfería su agilidad, su visión nocturna, su capacidad para dormir dieciséis horas, su dominio del mundo... Puede que estén pensando que esto lo escribo para hacer la gracia. Pero no, lo pensé de verdad.

Cuando empecé a ver que allí no había ni superpoderes

ni nada parecido, arrancó el segundo drama de la noche. Cada vez que me cruzaba con Atún, el pobre se escondía enseguida. Era como si pensara que lo iba a reñir o algo así. A estas alturas del partido todos sabemos que reñir a un gato es una pérdida total de tiempo. Pero él estaba como arrepentido. No parecía un gato. Jamás se había metido en el cajón del baño y ahora, cuando me veía, se iba corriendo para resguardarse allí.

Yo: Ahora cada vez que me acerco a él se mete en el armario. Debe de pensar que le voy a pegar o algo parecido. Es la primera vez en su vida que se mete ahí.

(Le mando un vídeo a Vero).

Vero: ¡Ay, pobre! Dale alguna chuche, cálmalo.

Yo: Vero, el herido soy yo.

Vero: Tú tienes tres rasguños y él un susto de muerte... princesita del guisante... ¡Mira qué pupilas, por Dios!

Yo: ¡Para susto el mío! Oye, no me pasará ninguna bacteria ni nada de eso, ¿no?

Vero: Mi pobre... Dale un mimo.

Yo: Decidido. En el segundo libro no voy a ser tan benévolo contigo.

Vero: ¡Pero que no va a pasarte nada! Y no busques en internet, que fijo que encuentras algo.

Yo: 😂😂😂😂😂 (Puse sonrisas, pero en realidad se me iluminó la bombilla para ir a buscar consecuencias dramáticas de arañazos).

Mandé la foto a Berta. Mandé la foto a Bárbara. Mandé la foto a Luis. Y la respuesta fue la misma: «¡Ay, pobre!». ¡Pero se referían a Atún! Era como si yo no existiera. Excepto Luis, que me devolvió la foto con una flecha verde señalando mi michelín, lo cual hizo que los mensajes de Berta y Bárbara me parecieran maravillosos.

Cinco minutos después estaba consolando a Atún. Le expliqué que no pasaba nada, que había sido un accidente, que no tenía por qué ponerse triste, que era un gato muy bueno, que lo quería mucho... Le di premios y lo acaricié, claro. No fuera a ser que el niño desarrollara un trauma o algo por el estilo. Porque reñirlos, no, pero oye, reforzar cualquier cosa que hagan mal, eso sí.

Pasó media hora. Cuando me tumbé en el sofá, aquello dolía con pasión. Cada vez que apoyaba el costado derecho, veía las estrellas. Atún salió de su escondite y vino a tumbarse entre mis piernas.

Yo: Ya se le ha pasado el disgusto.

Vero: No te fíes... la procesión va por dentro.

P. S.: Por si les interesa, que supongo que no, una vez mi amigo Dani me pidió que fuera a recoger unas entradas para un concierto de una cantante que se llama Cat Power. Es así como minimalista. Folk alternativo, dirían los entendidos. A mí, desde aquel día, me gusta mucho, pero no es, digamos, el estilo de música que suelo escuchar. Cuando llegué, le dije al dependiente: «Vengo a recoger dos entradas para el concierto de Catwoman». Y él, muy fino, me contestó: «No son para ti, ¿verdad?». No, claro que no eran para mí. En aquel momento, ni siquiera sabía quién era Cat Power. Creo que tengo que volver a la tienda para decirle al chico que un día estuve a punto de convertirme en Catman. A ver quién se ríe entonces.

En mi casa no entra un gato más (Carta de Mía a su dueño)

para Mía y Atún... y Pedro

Jugar contigo pasando la tarde
a las siete vidas y media que sumamos.
Ganarte siempre:
eres como un pichón entre mis garras.
¿No ves que te conozco, que sé lo que te gusta?
Estiro lentamente
mi pereza invertebrada, mi suave estrategia
de caricias –mi lomo por tu mano,
mis ojos como platitos azules
diciéndote que vale, que te quiero–,
y ya me tiras la pelota para que pueda
hacerme las uñas (soy ratita presumida).

De todas formas, sigo enfelinada
contigo, que lo sepas:
aquel día que se te ocurrió darme un hermano

menuda mala idea,
menuda Atuntería que hiciste.
¿No ves que somos ahora tres a comer en casa,
no has visto la crisis, o es que piensas devolvernos
al granel de los piensos de mascotas?

Anda, sal y vete a dar una vuelta.
Voy a calentarme al sol, a ver si se me pasa.
Y al otro... que ni se le ocurra meterse en tu cama.

CARLOS HERNÁNDEZ LAHOZ

Mis primeras vacaciones con dos gatos (I)

«... que los gatos aprendan a leer y se enteren de las cosas que piensan las personas de ellos y de sus ancestros. Lo cual sin duda traería consigo el fin de la civilización. Alegría infinita.»

JORGE DE CASCANTE

Atún llegó a casa el 19 de junio. Cuando el pobre estaba empezando a adaptarse a su nuevo hogar –y Mía comenzaba a dar señales de amor fraternal– llegaron las vacaciones de verano. Uno de los motivos por los que adopté un segundo gato fue para que Mía no pasara mucho tiempo sola durante los viajes. Pero en verano, como soy de esos privilegiados que tenemos un pueblo al que volver, me los llevé conmigo.

Cuando pasas de uno a dos gatos la vida cambia un poco. Se multiplica todo por dos. La principal duda ante el viaje era si llevar un único transportín o llevar dos. Después de consultar a mis veterinarias, decidí que viajaran separados. Atún era un cachorro, muy inquieto. Y no callaba ni un segundo. «¿A ti te gustaría ir cinco horas pegado a un amigo que es un pesado?». No hay nada mejor que las analogías bien hechas para empatizar con alguien. Decisión tomada: dos transportines.

Con el paso del tiempo, uno va perfeccionando su manejo de los quehaceres felinos. En los primeros veranos viajaba con la arena, la comida, los juguetes... un circo, vaya. Tenía más bolsas la gata que yo. Pero esta vez logré encargarlo y tenerlo todo en Ribadesella, esperándome para cuando llegáramos. Hice un breve cálculo de las latas de comida húmeda que iba a necesitar, para llevármelas conmigo. Me quedé corto por dos cucharadas. Nivel casi experto.

El viaje, si exceptuamos que Atún no paró de maullar ni cinco minutos, transcurrió bastante bien. Los llevaba a los dos tapados con unas fundas muy bonitas que me habían regalado en la clínica de Madrid. Cuando parábamos, les echaba un ojo. Ya saben que los dueños de gatos les presuponemos superpoderes y a veces creemos que pueden escapar de cualquier lugar, aunque no haya nada abierto.

Al llegar a Ribadesella noté un ruido extraño. Era Mía, que estaba bufando. En la parte delantera del coche, con la música, apenas se oían los cánticos de Atún, pero ella llevaba cinco horas sufriéndolos desde el habitáculo de al lado. Levanté su funda y creí verla entornando los ojos y diciéndome: «Cinco minutos más aquí y me lo cargo».

El momento de bajar del coche fue un poco tenso. De repente, me vi llevando dos transportines con fundas (una en cada brazo, por si quieren recrearse en la imagen) y pasando por delante de varias terrazas. Y uno, que es muy de provincias, siempre tiene algo de pudor a la hora de explicar que ahora en lugar de un gato tiene dos, que es porque

se hacen más compañía, que eso no me convierte en un ser extraño, al menos no más de lo que ya era... pero vaya, que sé perfectamente lo que la otra persona piensa cuando digo todo esto.

Subí a dejarlos en casa y sucedió una cosa muy extraña. O no tanto, tratándose de gatos. Mía actuó como si no conociera de nada a Atún. Le metió dos bufidos, sacó la zarpa a pasear y el otro huyó escopetado a meterse debajo de una cama. Era como si Mía, al ver que aquella casa no estaba lo suficientemente marcada por su olor, temiese que el renacuajo se le pudiera adelantar. «Voy a dejar las cosas claras desde el principio, para que no se me suban a las barbas», debió de pensar.

Nunca había visto asustado al pequeño Atún, que es muy alegre y juguetón. La advertencia de su hermana mayor había sido clara. Nota mental: tengo que acordarme de dejar bien repartida la herencia, para que no haya líos.

Preparé los dos areneros, llené hasta los topes el comedero (como recompensa por su paciencia durante el viaje) y preparé dos boles rebosantes de agua fresca.

Mis primeras vacaciones con dos gatos estaban a punto de comenzar...

No soy un gato

«Esas décimas de segundo
en las que la mano reposa sobre el gato,
reina la fe y todo está en orden.»
MIGUEL NOGUERA

En febrero de 2021, en Texas, se celebró un juicio virtual sobre contrabando que dio la vuelta al mundo. En la emisión, dividida en cuatro pantallas, se podía ver una advertencia sobre lo que te podía pasar si grababas el juicio –algo que, afortunadamente, no echó para atrás a la persona que lo difundió–. También aparecían dos señores. Uno muy serio, con perilla blanca. Otro con gafas que tenía a su espalda como decorado esa mítica calavera de bisonte, alargada y blanca. En el último recuadro, en donde debería aparecer un abogado –el señor Ponton, en concreto– salía un gato.

«Señor Ponton, creo que tiene activado un filtro en su emisión», le dijo el juez Ferguson.

«¿Me oye, señor juez?», replicó Ponton.

«Perfectamente. Creo que es un filtro».

«Sí, sí, es un filtro y no sé cómo quitarlo. Está aquí mi asistente intentando quitarlo, pero no sé si vamos a ser capaces. En cualquier caso, estoy preparado para seguir con el juicio. Estoy aquí. No soy un gato».

Todo esto dicho desde la imagen de un adorable minino blanco, con las orejas gachas y los ojos un poco tristones, que se movían arriba y abajo como si estuviera pidiendo perdón. Para más inri, los labios del gatito vocalizaban las palabras que decía el abogado. El hombre estaba avergonzadísimo y hablaba con una voz que añadía más drama a la ya de por sí triste cara del gatito. Un sindiós, vaya. La escena era tan cómica que el señor serio de la perilla blanca no pudo evitar reírse. El otro, el de la calavera de bisonte, tuvo que acercarse a la cámara y recolocarse las gafas porque no daba crédito a lo que está viendo.

El juez se lo tomó bastante bien. Una vez terminado el juicio, publicó unos cuantos tuits en los que compartía: «Un consejo importante para Zoom: si tus hijos usan el ordenador antes de un juicio virtual, asegúrate de que has quitado los filtros. Este gatito acaba de hacer una declaración formal en un juicio». Y luego le echaba un capote al abogado, asegurando que había sido un momento divertido que reflejaba que el sistema judicial seguía funcionando en los complicados tiempos de la pandemia y que el abogado lo había solucionado con mucha gracia y mucha dignidad.

No sé cómo acabó el juicio, pero estoy seguro de que al señor Ponton le habría ido mucho mejor si hubiera declarado que era un gato, porque el juez habría sabido inmediatamente quién mandaba allí.

Pues bien, yo un día fui el señor Ponton.

En julio de 2021, en *EL PAÍS* estábamos haciendo una consultoría con el *Financial Times*. Se trataba de aprender de su experiencia con las suscripciones digitales. Fue un proceso muy interesante e intenso que duró unas cuatro semanas. Teníamos reuniones prácticamente a diario.

Para un viernes se había programado una sesión especial, de unas dos horas. Como era el mes de julio y quería acercarme a Asturias, me organicé para ir en coche con un amigo y así tener cobertura durante prácticamente todo el trayecto. De Madrid a Asturias son más o menos 4 horas –si vas conmigo, casi cinco, porque es raro que pase de 120 y me gusta parar a tomar un café y un sándwich mixto–. En tren es más o menos lo mismo, pero con la diferencia de que las dos últimas horas las haces entre montañas y sin cobertura.

Ya en el camino, a las once en punto, sonó el aviso de que comenzaba la reunión. Me coloqué los cascos, avisé a mi amigo de que estaría un par de horas enganchado y me dispuse a seguirla. No conecté la cámara por no tirar demasiado de los datos –y también para que no vieran que iba en coche, la verdad–. A los dos minutos de conectarme, una de las personas del *Financial Times* preguntó:

«¿Quién es "Mía *the cat*"?». (Lo dijo en inglés, claro).

Aquel nombre me resultaba familiar, y me hizo levantar las orejas cual gato. ¿Cómo no me iba a sonar si era el de usuario que le había puesto al correo electrónico de mi gata? Como justo antes de la reunión había entrado en esa cuenta a comprobar si tenía algún mensaje, se había quedado como la cuenta predeterminada para acceder a la videoconferencia.

Tras unos segundos de pánico, asumí que, efectivamente,

había entrado en la reunión con el nombre de mi gata y que, en lugar de mi foto, aparecía una M blanca sobre un fondo rosa. Al minuto, comencé a recibir mensajes de mis compañeros de *EL PAÍS* que estaban en la reunión: «Tío, que estás con el perfil de tu gata. Pero ¿cómo se te ocurre?».

A lo mejor pensaban que lo había hecho adrede. ¿Debería preocuparme por la imagen que tienen de mí?

Tenía dos opciones: salir de la llamada y volver a entrar con mi perfil o explicar qué narices hacía Mía *the cat* en esa reunión. En un mundo ideal, hubiera actuado con frialdad, volviéndome a conectar desde mi cuenta personal. Pero el mundo no es ideal, es más bien todo lo contrario, así que, con los nervios, empecé a hablar como una locomotora y, de repente, me vi contando la historia de Mía a unos señores ingleses a los que solo conocía por videoconferencia: «A ver... es un poco difícil de explicar, pero por resumir: hace cinco años adopté a una gata, de nombre Mía, en contra de mi voluntad. Escribí un libro sobre ella que se vende moderadamente bien en varios países. Como es casi una *influencer* en las redes sociales (aquí he de decir que noté que ya me prestaban más atención) abrí un correo electrónico con su nombre para estar en contacto con seguidores y lectores. Es decir, que no es que mi gata tenga una dirección de correo electrónico propia porque sí. Lo que no sé es por qué le puse el nombre en inglés, la verdad. Quizá fue porque sabía que algún día pasaría algo parecido a lo que está pasando ahora mismo...»

A todo esto, imagínense la cara de mi compañero de viaje, que iba conduciendo y al que le había dicho que tenía una reunión importante. Me miraba y me decía sin hablar:

«Pero ¿qué haces hablando de Mía?». Y yo haciendo el gesto de «luego te cuento».

«Pero ¡si tiene 17.500 seguidores en Instagram!», dijo una de las personas del *Financial Times*. Y entonces aquella reunión se convirtió en algo cercano a lo absurdo, porque les estaba haciendo yo a ellos una consultoría sobre cómo gestionar cuentas de gatos.

La reunión recuperó su curso y discurrió con normalidad. Antes de terminar, compartí un mensaje en el chat en el que decía que me sentía un poco avergonzado por lo que había pasado (mentira cochina), pero que, por otro lado, Mía estaba muy contenta de haber participado en la reunión y que estaba absolutamente segura de que el proyecto en el que estábamos embarcados sería un éxito. Lo rematé con un «Y ya sabéis que los gatos siempre tienen razón». Y me quedé tan ancho. Después de cinco años conviviendo con felinos, por fin se me estaba pegando algo de la famosa *gatitud*.

Días para ser gato (II): los hermanos pequeños, el Subbuteo y un ventanuco

«No entiendo lo que dicen las personas, pero entiendo lo que dicen mis gatos.»
LEONORA CARRINGTON

Dos semanas de confinamiento fueron suficientes para empatizar con Mía y entender mejor su relación con Atún. Los dos gatos con los que comparto piso se llevan regular tirando a bien. Hay momentos –contados– en los que se adoran. Otros –los más– en los que se ignoran. Y unos cuantos –diarios– en los que se atizan de lo lindo, a medio camino entre el juego y la pelea.

Mía fue la primera en llegar a casa. Tres años después lo hizo Atún. Para ella, es un ser inquieto que ha venido a trastocar su plácida vida de dueña absoluta de nuestro hogar madrileño. Para él, una suerte de faro al que seguir e imitar... las veinticuatro horas del día, los siete días de la semana. ¿Ustedes tienen hermanos? ¿Son los pequeños? ¿Los mayores? En función de su posición, se identificarán más con uno o con otro.

Soy el pequeño de tres hermanos. Un descolgado. Lo que se conoce como un penalti; pero un penalti de los que lanza el portero en la tanda de penaltis, tras noventa minutos, una prórroga y después de que hayan chutado todos los jugadores de campo disponibles. Mi hermana Marisa y mi hermano Fernando me sacan 13 y 12 años, respectivamente. Es decir, que me llevé bofetadas por partida cuádruple. De mis padres y de mis hermanos. En el 95 % de las veces, con razón.

Una de las cosas que más ilusión me hacía de pequeño era jugar con mi hermano al Subbuteo. El Subbuteo es un juego de mesa de fútbol. A ver cómo lo explico para quien no lo conozca: era un poco como jugar al fútbol sobre un tapete, pero en lugar de con chapas, con unas figuritas de futbolistas sobre una base convexa (lo de «base convexa» lo he tenido que buscar, porque no sabía definirla).

El juego en sí tampoco es que fuera la alegría de la huerta, pero tenía todos los elementos para hacer apasionante la preparación de la partida. Equipos con los uniformes de competición, porterías con las redes con los colores del Mundial de Italia 90, réplicas de los balones oficiales... Nosotros hasta teníamos una grada en la que colocábamos figuras de aficionados, vallas de publicidad, banquillos e incluso policías a caballo (que me flipaban más que el juego en sí). Sacar el Subbuteo una tarde de sábado era lo más cerca que se podía estar de la plenitud.

Pero claro, a mi hermano no le hacía mucha gracia. ¿Por qué? Pues porque un servidor, además de pequeño, era bastante torpe. No había partida en la que no pisara a un futbolista, aplastándolo y doblándolo hasta romperlo. Cada vez que sucedía, rezaba para que lo que estaba debajo de mi pie o de mi rodilla fuera un balón... Pero no, era un jugador. Y mi hermano se enfadaba. Y tenía que ir a por Super Glue para curar a la pobre figura de la lesión de larga duración que le acababa de provocar. Como el Oviedo no tenía réplica en el juego, Italia hacía las veces de mi equipo del alma. Su jugador número 10 era más bajito que los demás. Había pasado por mi suela y ahora el pegamento lo unía a la base convexa (ya me he aprendido el término) aunque con unos milímetros menos. Era, obviamente, mi jugador favorito y el capitán del equipo.

Y ustedes se preguntarán, ¿este hombre por qué nos está contando esta historia tan rara? Pues porque durante las dos primeras semanas de introspección y recogimiento interior (de no salir de casa, vaya), vi repetida la historia del Subbuteo en Mía y Atún. Cuando ella llegó a casa, compré varios juguetes, un rascador y algunas plumas para mantenerla entretenida. Todo estaba en un aceptable estado de revista. Incluso el sofá estaba moderadamente poco rascado. Nada grave, vaya. Hasta que llegó Atún.

Desde entonces, al piso de arriba del rascador, hecho de mimbre, le faltan varios centímetros. Lo ha ido mordiendo y repartiendo por la casa con una alegría que hace complicado reñirlo por ello. Los peluches de Mía han sido trepanados sin compasión. Hay un ratón gigante que parece el peluche de un túnel: tiene más de agujero que de cuerpo. Todas las pelotas y juguetes están destrozados y desperdigados por los rincones de la casa. El sofá, ahora sí, está rascado y bien rascado. Atún es el hermano pequeño inquieto y torpe que ha llegado para alterar el orden establecido. Y claro, Mía se cabrea.

Por ejemplo cuando la despierta de la siesta para darle lo que él cree que es un abrazo, pero en realidad es un empellón. O cuando ella quiere jugar con la pluma y aparece él corriendo y arrasa con la pluma y con ella al mismo tiempo. O cuando él devora su porción de comida húmeda y se pone a esperar activamente a que Mía termine y deje algo de la suya. Que parece que le esté diciendo: «¿Has terminado? ¿Has terminado? ¿Has terminado?». Y la pobre al final se va por agotamiento.

Efectivamente, es muy duro ser hermana mayor. Pero también tiene sus ventajas. Atún es tan bruto que todo lo que hace Mía parece angelical. Y otra cosa que puedes hacer es utilizar al pequeño para librarte tú de tareas ingratas. Descubrí que, siempre que Atún viene a despertarme a las 7:25,

Mía espera pacientemente debajo de la cama, dejando que el pequeño se queme en el frente. Luego, en cuanto me levanto, sale escopetada hacia la cocina. Y el que queda mal es Atún.

Total, que a eso, a la observación, dediqué parte del tiempo libre en nuestro confinamiento. Seguro que el de la canción de José Luis Perales hacía cosas más interesantes, aunque dudo que le sucediera alguna vez lo que me sucedió a mí: todos los días, a las 20:00, salía a aplaudir al balcón del salón, para agradecer la labor de todas las personas que estaban dando su vida para luchar contra el coronavirus. Siempre me saludaba con una pareja que se asoma a un ventanuco que está frente a mi ventana. Hablábamos de lo mucho que echábamos de menos la vida en la plaza, de libros, de teatro o de la montaña rusa emocional que era la situación.

Un día, la chica me preguntó: «¿Cómo se llaman tus gatos, que los veo siempre desde aquí?».

Contesté: «Mía y Atún».

Y ella replicó: «¿Qué dices? ¿Son los de *EL PAÍS*?».

Entré en casa confiando en que ninguno de los dos lo hubiera oído. En especial Mía. Lo que le faltaba a mi gata, saber que sale de vez en cuando en *EL PAÍS* y que los vecinos la conocen. Que te destrocen los juguetes de la infancia no tiene comparación con una hipotética pelea por los derechos de imagen. Así que, de momento y por el bien de la familia, vamos a intentar mantener el secreto.

Eso sí, mis vecinos de ventana me tienen guardado en el móvil como «Mía y Atún». Más allá del golpe a mi ego, se trata de un nuevo drama para Mía. Su primer teléfono móvil... y tiene que compartirlo con su hermano pequeño. ¡Qué duro es ser la hermana mayor!

Pequeño diccionario doméstico

«Una gatita es tan flexible que casi son dos: su parte trasera es otra gatita con la que juega su parte delantera. No descubre que su cola es suya hasta que se la pisas.»
H. D. THOREAU

Igual que las parejas crean un lenguaje cuyo significado solo conocen las personas que las forman, convivir con gatos hace que incorpores a tu vocabulario una serie de palabras nuevas, pero también que algunas de las que ya utilizabas pasen a tener un significado diferente.

Aquí va un pequeño diccionario gatuno de uso doméstico, que puede resultar muy útil:

Karen. Es el nombre que reciben las mujeres que conviven con gatos. Hay varias teorías sobre su origen. La más documentada habla de una gata callejera, de nombre Scarlett, que tuvo una camada de cinco gatitos. Vivía con ellos en un garaje abandonado en el barrio de Brooklyn, en Nueva York. Las malas lenguas dicen que en ese garaje se fumaba *crack* (lo pongo así como si supiera lo que es, pero en realidad no tengo ni idea). El 30 de marzo de 1996 hubo

un incendio en el garaje. Llegaron los bomberos y lo controlaron. Pero uno de los bomberos, de nombre David Giannelli, se percató de que Scarlett estaba sacando uno a uno a sus cachorros del garaje. La gata se quemó tanto al ir sacándolos que, como no podía verlos, chocaba el hocico contra ellos para reconocerlos. Uno de ellos murió al mes. El resto, sobrevivió. La clínica en la que los atendieron recibió más de siete mil cartas de personas que los querían adoptar. Se escribió al menos un libro sobre la historia (que está descatalogado y que cuesta un pastón). Incluso se creó un premio con su nombre, para animales o personas que destacaran por su heroísmo. A los gatitos los dividieron en parejas y los enviaron con dos familias. Scarlett se fue a vivir con Karen Wellen. Y de ahí vendría el nombre. La gata falleció en 2008. Hablaremos en las siguientes páginas de este tema.

Hay otras teorías que hablan de un origen peyorativo del término. Si así fuera, daría igual. Los que compartimos nuestra vida con gatos sabemos reírnos de nosotros mismos. De hecho, muchos de los gatos que tienen perfil en redes sociales se refieren a sus dueñas como «Karen».

Karen macho. El nombre que reciben los hombres que conviven con gatos. La verdad es que deberíamos currárnoslo un poco más para tener un nombre propio.

Michi. Desde hace algunos años se ha popularizado el término «michi» para referirse a los gatos. Recuerdo que, de pequeño, llamábamos «misi misi» (lo decíamos dos veces) a cualquier gato que nos encontrábamos. A saber lo que pensaban ellos cuando nos oían decir esa palabra... Pero hete aquí que, al parecer, no íbamos tan desencaminados. Cuentan algunas historias que los europeos introdujeron a los gatos en América (o eso creían ellos, claro. Los gatos fueron a América porque les dio la gana y porque si quieres conquistar el mundo, no puedes dejar un continente entero a los humanos, que la lían). Los habitantes del territorio quechua, en la región andina, interpelaban a los gatos con un «*mishi, mishi*» que, supuestamente, llamaba la atención de los mininos. La llegada de internet y de los memes habría rescatado esta palabra, popularizándola y globalizándola. De hecho, cuando Bárbara me pregunta por Mía y Atún me dice: «¿Qué tal los michis?».

Amasar. Palabra que, hasta la llegada de un gato a tu vida, se refería al pan. A partir de entonces, se destina a nombrar una peculiar acción que algunos felinos realizan sobre diferentes objetos. Pueden ser mantas, almohadas o la barriga de sus humanos. Cuando lo hacen, llevan a cabo un movimiento alterno con las patas delanteras sobre la superficie que están amasando. Primero presionan con una, luego con la otra. Muchos gatos ronronean mientras lo hacen. Mía ha llegado a quedarse dormida en el proceso y ha seguido moviendo las patitas con los ojos cerrados (y clavándome las uñas). A veces lo hace también en su mantita, antes de acostarse. Como si la estuviera preparando a su gusto. Esta acción sería un reflejo de cuando eran cachorros y lo hacían en la barriga de sus madres, para obtener leche.

Premios. Ni los Óscar, ni los Nobel ni los de la MTV ni los Princesa de Asturias. En esta casa los premios son unas pequeñas croquetas que vuelven locos a los michis. Se supone que son como golosinas para ellos, por lo que no deben comer muchos (yo les doy dos al día).

No. Palabra inexistente en el universo gatuno.

Rascador. Para mí, un rascador era un palo en cuyo extremo se colocaba una especie de rastrillo y que servía, en teoría, para rascarte la espalda. Era el típico artilugio que veías usar a otras personas y pensabas «¡Oh, qué guay!», pero que luego, cuando te llegaba el turno, descubrías que era incomodísimo y bastante poco útil. Hoy, el suelo de mi casa es el espacio que queda libre entre los diferentes rascadores que compro cada poco tiempo. En realidad, son prácticamente igual de inútiles que el artilugio para rascarse la espalda, pero tú los sigues comprando con la misma ilusión del primer día. Autoengañándote. Porque sabes perfectamente que, si quieres que tengan utilidad, debes sacar el sofá de casa.

Sofá. Dícese del lugar en el que los humanos descansan y que los gatos utilizan primero como rascador y, después, como espacio para el descanso. Es una de las palabras que primero aparecen en las conversaciones entre gatunos. Y también cuando charlas con alguien que no tiene gato. La relación entre los términos «gato» y «sofá» es casi inmediata. Tiene una cosa buenísima: que llega un momento en el que ya te da igual todo y te parece fantásticamente bien que rasquen el sofá. Aquí utilizo una frase que decía mi madre cuando me rompía un pantalón: «Para eso están». ¿Y para qué están los sofás, si no es para rascarlos y disfrutarlos como se merecen?

Transportín. Es curioso cómo esta palabra tan extraña se incorpora a tu vida con una naturalidad indescriptible. De repente, te ves utilizándola como si fuera lo más normal del mundo. Y, si lo piensas, es una palabra que no viene a cuento. Puede que sea la manera que los humanos hemos encontrado de dulcificar la palabra «jaula» para los animales a los que tanto queremos. Tiene, incluso, algo de cariñoso –ese diminutivo en «-ín» que la cierra–. Desde luego que es mejor eso que decir «jaula», por ejemplo. Eso sí, los preparamos con tanto mimo y cariño que acaban teniendo más prestaciones y extras que el coche en el que viajan. A saber: un empapador, su mantita preferida, un poco de Feliway, algún premio por si a los niños les entra hambre por el camino... Un transportín de gama alta, vaya.

Ventanas. En la época a. G. (antes del Gato) eran sinónimo de libertad y de aire fresco. Una vez que los mininos entran en tu hogar, pasan a significar peligro. Y te vuelves un maniático que, antes de salir de casa, comprueba trescientas veces que estén cerradas. Y avisa otras trescientas veces a todas las visitas de que la única norma de la casa es que no se pueden abrir las ventanas. Y pasarlo mal cada vez que alguien dice que bueno, que solo van a salir un segundo al balcón a echar un cigarrillo, que no te preocupes, que están pendientes. PERO ¿CÓMO NO ME VOY A PREOCUPAR, ALMA DE CÁNTARO?

Arena. Otra palabra que cambia de significado en tu vida cuando incorporas un gato. Hasta entonces, era únicamente un elemento más de la playa (o de tu lugar de trabajo, si practicas salto de longitud). Después, eres capaz de dar lecciones sobre los diferentes tipos, las texturas y las propiedades. Descubres que no es lo mismo aglomerante que absorbente. También que hay arena de sílice y de bentonita. Y que la arena se puede perfumar, pero que nunca es suficiente, porque por mucho aroma a talco o a lavanda que tenga, los gatos siempre pueden más. A estas alturas de mi vida gatuna, puedo perfectamente mantener una conversación de más de 20 minutos sobre la arena. Lo digo porque me ha pasado. Y me pareció la cosa más natural del mundo.

Pelos. El elemento número 119 de la tabla periódica. Roza lo mágico. Da igual la de veces que hayas barrido y pasado la aspiradora, que hayas sacudido los cojines del sofá o que hayas aireado la manta. Seguirán allí. Es bastante probable que se reproduzcan solos, sin necesidad de que haya un gato cerca. Hay épocas del año en las que se podría construir un apartamento con ellos. En ocasiones, pasarán dando vueltas como un estepicursor. Y usted se preguntará: «¿Qué narices es un estepicursor?». Pues son esas plantas rodantes que se ven en las películas del Oeste y que hoy en día enviamos como imagen cuando en un chat de WhatsApp alguien hace una pregunta o propone un plan y nadie le contesta. Después de esta interesante digresión, volvamos a los pelos: son un material indestructible, que traspasa barreras físicas. No sabrás cómo, pero una vez en la calle, te darás cuenta de que el traje que llevas, que estuvo convenientemente guardado en un armario, también está lleno de pelos. Primero, intentarás quitártelos a manotazos. Luego, irás uno a uno. Y al final, tirarás por el pragmatismo y pensarás: «Bueno, mira, es una forma rápida de romper el hielo en la reunión, porque empezamos hablando de gatos». Es, además, un elemento camaleónico. Si vas de oscuro, serán blancos. Si vas de blanco, serán negros. Y da igual el color de tu gato.

Enviar una postal

«Mirar un gato
es mirar un hecho artístico.»
LILIANA HEKER

Enviar una postal. Parece sencillo. Y no lo es. En absoluto. Hay muchos detalles que lo convierten en una pequeña odisea. El primero es encontrar la postal. Hoy en día es complicado dar con ellas, como no sea en los centros turísticos de las ciudades. Y las que suele haber tampoco es que sean una maravilla. Te pones a girar el expositor en el que están colocadas y, cuando te das cuenta, ya estás de nuevo en el punto de partida porque no has visto nada interesante. Que sí, que sale la catedral, el castillo o la calle principal, pero no es exactamente lo que tú quieres. Porque no quieres nada muy típico, ni tampoco muy obvio, pero a la vez te gustaría que se viera qué sitio es. Tampoco te vale un mosaico de fotos, que una postal es una cosa muy seria.

A veces, con un poco de suerte, puedes dar con alguna línea de diseño un poco especial: fotos antiguas, dibujos, alguna reproducción elegante de un cartel. A mí me gusta que sean bonitas porque, además de las que envío, suelo comprarme una para mí y la utilizo como marcapáginas del libro que me haya llevado de viaje y así, si vuelvo a abrirlo algún día, recordaré dónde estaba cuando lo leí (aunque luego, en realidad, es bastante improbable que lo vuelva a abrir, salvo que sea una obra maestra. Igual de improbable que llevarse una obra maestra a un viaje).

Una vez que la tienes en tus manos, llega la parte más dramática, que empieza por conseguir un bolígrafo que escriba bien. Es un mito. No existen. Y mucho menos en las tiendas de postales o en las oficinas de correos. Porque esa es otra. No puedes esperar a escribir la postal tranquilamente en el hotel, no, tienes que escribirla de pie, apoyado en cualquier superficie, sin reflexionar lo que vas a decir y, con casi toda probabilidad, sin tener a mano el número de la calle, el piso o el código postal del destinatario.

Y luego está el mensaje. Las postales tienen el tamaño perfecto para que, después de haber saludado y haber preguntado «¿Qué tal?» a tu destinatario, ya te hayas comido la mitad del espacio de la tarjeta. Te toca, entonces, condensar en tres o cuatro líneas de tres o cuatro palabras (dos si son esdrújulas) todo lo que quieres decir. Juegas, además, con la presión de saber que el cartero podrá leer las chorradas que has escrito. No puedes poner nada muy intenso ni ninguna broma que necesite mucho contexto, que no es cuestión de amargarle la vida al repartidor.

El salto final del proceso puede ser el más complicado de todos: encontrar un sello, un buzón y confiar en que el servicio de correos del país en cuestión sea eficiente y sepa hacer su trabajo.

Todo este rollo para decirles que sí, que les envío postales a mis gatos cuando me voy de viaje –ya lo hacía cuando solo estaba Mía–. Intento que sean graciosas y muy coloridas. Siempre les añado un detalle del país o la ciudad en la que estoy. A veces me la juego: desde Nueva York les envié una postal de un grafiti de una rata gigante (ahí, provocando). Si he visto muchos gatos, también se lo digo (jugando con fuego). Desde Senegal les escribí: «Es el país del mundo donde más gatos he visto. ¡Os lo prometo! Aunque ninguno tan guapo como vosotros...» (que tampoco es cuestión de arriesgar demasiado). Las escribo con mucha ilusión, aunque también hay un momento en el que me pregunto qué se le pasará por la cabeza al cartero al comprobar que hay alguien que se llama Atún Zuazua Gil. Porque Mía es un nombre de humano, pero Atún...

Ahora, mientras las releo, me doy cuenta de que en casi todas les pongo lo mismo: que los echo de menos. Ese es, en realidad, el principal motivo por el que se las envío. Más allá de que agradezca unos minutos más de sueño por las mañanas, siempre que me voy de viaje me acuerdo de ellos y pienso en lo que estarán haciendo (desde la llegada de Atún, añado un «Portaos bien» en todas las postales).

Eso sí, lo que aún no he conseguido es que la postal llegue antes que yo. En realidad da igual, porque ellos todavía no saben abrir el buzón. Creo.

Mis primeras vacaciones con dos gatos (II): ventanas abiertas

«Los límites de mi lenguaje son los límites
de mi mundo, decía Wittgenstein.
Allí donde terminan todas mis palabras
solo existen los gatos.»
CLAUDIA ULLOA DONOSO

Cuando tienes gatos, hay un elemento del hogar con el que cambias tu relación de forma radical: las ventanas. Empiezas a verlas como un peligro potencial. Y más cuando vas conociendo historias de accidentes de animales que se han caído desde algún piso. A ver, no es que los gatos sean tontos, es que mantienen intacto su instinto. Si ven un pájaro, pues lo quieren cazar. O si están apoyados en el alféizar y de repente algo los asusta, pueden desequilibrarse.

Tengo amigos que dejan a sus gatos caminar libremente por las ventanas, salir a los tejados y pasear por el vecindario. Yo, los meto en el cuarto cuando quiero ventilar la casa y solo las dejo batientes si estoy (son ventanas altas y ya he comprobado que no llegan). De todos los miedos que me entran con una hipotética caída –vivo en un tercero–, el peor es el de pensar en los segundos que pasarían entre que se produjera la caída y a mí me diera tiempo a bajar a la calle. Ya ven ustedes que de cordura ando sobrado.

No abrir las ventanas en una casa que está más o menos preparada para el calor se puede tolerar, incluso en verano. En Asturias, con el incremento de las temperaturas de los últimos años y la humedad, es bastante latoso. (Por si a alguien le interesa: el mito aquel de las noches con jersey en el norte está a punto de desaparecer). Y cuando toca limpiar la casa, terminas preparando una especie de sudoku de puertas cerradas y ventanas abiertas, con los gatos pasando de estancia en estancia (del ala este al ala oeste, ya saben), y pensando que su dueño es imbécil.

Uno puede aguantar estas incomodidades, pero tu familia no tiene la culpa. Y los gatos tampoco. Por eso ese año me decidí a comprar unas redes para las ventanas de Ribadesella (fíjense que digo que lo hice por los demás, no por mí. Los felinos me han convertido en alguien generoso. Es decir, en alguien inversamente proporcional a ellos).

Después de mucha investigación (investigación nivel Google, tampoco nos vamos a engañar) y de llamar incluso a un manitas (es curioso que muchos tenemos en el móvil a alguien guardado como «XXXX Manitas»), me decidí a encargarlas a Proyecto Noa, una iniciativa que debe su nombre al de una gatita que con dos años y medio falleció al caer por una ventana. A partir de aquella traumática experiencia y después de vivir varios años sin abrir las ventanas para que Moro –otro gato– no corriera la misma suerte, comenzaron a desarrollar un producto muy interesante para todos los que tenemos gatos: redes elaboradas a medida para cada ventana.

Voy a confesar una cosa: cuando me llegaron, lo primero que pensé fue: «Uf, esto no lo monto bien ni de coña». Sospecho que a mí nadie me tiene en su móvil como «Pedro Manitas». Pero las chicas de Proyecto Noa me hicieron llegar un vídeo que parecía un documental en el que lo explicaban todo de manera tan clara que incluso yo supe hacerlo. Las redes incorporaban un candado de seguridad para evitar problemas con el cierre fortuito de las ventanas.

A los dos minutos de instalarlas, ya podía dar por buena la inversión: Mía y Atún se apostaron inmediatamente en la ventana, a vigilar a la gente que pasaba por la calle y a refrescarse ante el calor del verano astur. Cada vez que oían un ruido, empujaban la cabeza contra la red e intentaban asomarse. Cuando pasaba el afilador, levantaban las orejas. A veces se quedaban tumbados, durmiendo la siesta bajo la ventana abierta. Eso sí, el mejor sitio era siempre para Mía. Si veía que Atún se excedía en sus ganas de cotillear, lo apartaba muy sutilmente con un leve movimiento de cadera (les recuerdo que Mía es un poco culona). En algunos momentos, parecía que Mía le estaba explicando a Atún qué era cada uno de los edificios que se veían desde la ventana.

Hasta hace poco, pensaba que lo mejor de tener gatos eran las tardes de domingo en invierno, cuando todos en casa acompasamos la siesta. Ahora, las siestas de verano con el aire que entra por la ventana han pasado a ocupar un lugar destacado en la lista de «los mejores momentos con Mía y Atún».

Parecía que iba a ser un verano perfecto. Lo que ni Mía ni yo esperábamos era el *show* que el pequeñajo estaba a punto de comenzar a ofrecernos cada noche...

Sí, mi gata pasa de mí

«El gato nos mira como
si fuésemos su reloj.»
RAMÓN GÓMEZ DE LA SERNA

Cuanto adoptas un gato sucede una cosa muy curiosa. Te conviertes en un referente felino para familiares y amigos. Y cada vez que les llega por WhatsApp una foto o un vídeo gracioso, ¿a quién se lo mandan? A ti, claro, que para algo tienes gato y obviamente solo te interesan las fotos y los vídeos de gatos.

Dentro de esa categoría de personas que piensan en ti cuando ven un gato existen dos tipos: los que te lo mandan con mucho amor y los que lo hacen para tocarte las narices. Los familiares suelen estar en el primer grupo: debo de tener cincuenta vídeos diferentes de compilaciones de los mejores momentos de la historia de los gatos, todos ellos enviados por mi madre y mis tías. En el segundo, cómo no, están los amigos, que son más dados a enviar noticias que ponen de manifiesto algunas de las múltiples cualidades por las que los gatos tienen tan (injustificada) mala prensa: su maldad, su pasotismo, su capacidad para liarla cuando parece imposible... Te mandan noticias acompañadas de un comentario cargado de maldad: «Mira lo que dicen de los gatos». Y tú lo lees con tono de niño repelente: «*Miri li qui dicin di lis guitis*».

Hace unas semanas comenzaron a llegar a mi móvil mensajes con un enlace a una información que hacía referencia a una investigación publicada por la revista *Nature* (vaya frase más larga que acabo de escribir, por cierto. Espero que hayáis llegado con aliento al final). La investigación decía, básicamente, que los gatos identifican cuándo se les llama por el nombre. «Pues vaya mérito», diréis, pero claro, la prensa supo coger la percha y tituló con mucho más gancho: «Tu gato pasa de ti y lo hace conscientemente», decían principalmente los titulares. (Quiero aclarar que los enlaces que me llegaron eran de noticias en español. A ver si van a pensar que mis amigos leen *Nature*. O peor aún, a ver si ellos van a pensar que de aquí se sobrentiende que leen esa revista).

El resumen del estudio es que los gatos parecen diferenciar su nombre de otras palabras (ojo, los gatos que viven con otros gatos tienen un buen mejunje en la cabeza, porque no saben cuál es su nombre y cuál el de los otros) y que si no nos hacen caso es porque no les da la gana. Lo gracioso es que menos del 10% de los gatos que participaron en el experimento respondieron a su nombre emitiendo algún sonido, moviendo la cola y desplazándose. Ya se sabe que ir para nada es tontería.

Yo me pasé varios meses pensando que Mía era sorda. Le decía que no se subiera a la encimera, que no rascara el sofá... y ella ni me miraba. Luego ya me di cuenta de que sencillamente pasaba de mí. No solo no es sorda, sino que es capaz de distinguir el sonido de la puerta de la nevera en función de si la abro para darle comida húmeda o para otra cosa que no tiene nada que ver con ella.

«Aclarar aún más las habilidades de los gatos con respecto a la comunicación entre humanos y gatos mejoraría potencialmente el bienestar de los humanos y los gatos», dice el estudio. «Podemos utilizar la capacidad de los gatos para mejorar su calidad de vida», añade. A ver, que no. ¿De verdad los científicos encargados de este estudio no tenían a mano un amigo con gato para hacerle un par de preguntas? ¿Acaso no saben que el nivel de la calidad de vida de un gato en una casa lo decide el propio gato y que es bastante complicado –por no decir imposible– mejorarlo?

Intenté ponerme en contacto por correo electrónico con una de las responsables de la investigación, Atsuko Saito (de la Universidad de Tokio), pero no he obtenido respuesta (aún). Hace años había participado en otra publicación en la que aseguraba que los gatos pillan perfectamente a lo que están sus dueños (si les van a dar comida o no, se entiende). Entre los muchos campos en los que es experta, según el perfil de la página de la universidad, está la etología.

En realidad, solo quería hacerle una pregunta, que es muy sencilla, pero que al mismo tiempo daría respuesta a todo. Por si acaso me lee: ¿tiene usted gato? Si es que no, debería adoptar uno (por su felicidad y para poder hacer los experimentos en casa, que supongo que es más cómodo). Si es que sí, no me explico que fuera necesaria tanta prueba para llegar a una conclusión tan palmaria: los gatos lo saben todo –incluidos sus nombres, claro– y pasan de todo. Hasta que dejan de pasar de todo. Haríamos bien en empezar a investigar en serio sobre los planes que tienen para la humanidad, una vez terminen de controlarla. No debe de quedar tanto. A ver qué mensajes mandan nuestros amigos cuando llegue el día.

El Instagram de mis gatos

«Debes entender, querida,
que no somos el tipo de personas
que le dan nombres ingeniosos a los gatos.»
UNA MADRE A SU HIJA
(oído en un parque)

El domingo 15 de noviembre de 2020 descansaba tan tranquilo en el sofá de mi casa. Eran las nueve de la noche. Estaba a punto de publicar una foto en el perfil de Instagram de mis gatos cuando vi que tenía un mensaje privado. Por si no están familiarizados con la aplicación, en Instagram la gente puede –además de dar a «Me gusta» o comentar tus publicaciones– enviarte mensajes privados. Hay dos tipos de mensajes privados: los de las personas que conoces o que interactúan regularmente contigo, que te aparecen en la pantalla inicial; y aquellos a los que se accede a través de un icono que pone «Solicitud» y que suelen ser de gente que no conoces, publicidad o, incluso, intentos de estafa o un virus.

Aquella noche me apareció un mensaje en la bandeja de «Solicitud». Lo abrí y leí el contenido: al parecer, había quebrantado alguna regla relacionada con los derechos de autor y, para poder seguir publicando contenido, debía completar una información que me pedían, que únicamente era el nombre de la cuenta, así que no parecía muy sospechoso. Mi primer pensamiento fue el correcto: «Pero ¿qué derechos de autor he incumplido, si solo subo fotos de mis gatos?». Pero los caminos de la mente de un señor de treinta y nueve años tumbado en el sofá de su casa son impredecibles, y empecé a darle vueltas a la cabeza. Podía haber sido aquella canción que había utilizado para un vídeo. O quizá una foto de algún lector, que hubiera preferido que no la publicara. Yo qué sabía.

Total, que le di al enlace y metí el nombre de la cuenta (@enmicasanoentraungato) en el formulario. En cuestión de segundos, cambiaron mi contraseña y se hicieron con el control de la cuenta, que desapareció del mapa. Sé que es un problema del primer mundo y, dentro de los problemas del primer mundo, una mierda de problema, pero me entró un agobio horrible. Llamé inmediatamente a Bárbara, que trabaja en una empresa que tiene mucho que ver con las redes sociales. Su respuesta tenía mala pinta. Llamé después a Jen Herranz, creadora de contenido multimedia, experta en tecnología y dueña de dos gatos. Su respuesta tenía peor pinta. Al parecer, de los casos de secuestro de cuentas que ambas conocían, muy pocos se habían solucionado de forma satisfactoria. Escribí también a algunos contactos que tenía en Facebook –propietaria de Instagram– aunque en mi defensa he de decir que lo hice con algo de vergüenza. ¿Quién escribe a alguien un domingo por la noche para decirle que le han secuestrado la cuenta de sus gatos?

Quería llorar. No tanto por la cuenta, que también, sino por lo imbécil que me sentía. A medida que iba comprobando detalles del correo que me habían enviado, más tonto me sentía. En lugar de Instagram, ponía «Instgram», sin la «a». Y el texto era un disparate absoluto. Me daba aún más rabia el hecho de que una de las funciones que desempeño en mi trabajo es la de comunicación interna, y enviamos regularmente correos electrónicos con pequeñas trampas para que los compañeros detecten que se trata de un correo fraudulento. Espero que en mi empresa no lean este libro. O, mejor, que compren el libro y se salten este capítulo.

Al día siguiente, como ya era lunes y todos sabemos que los lunes sí podemos molestar a la gente con tonterías, me dediqué a llamar a todas las personas que conocía que podían tener alguna solución o, en su defecto, alguna pista para llegar a ella. Todas me dijeron lo mismo: «Pero, tío, ¿cómo caes en eso? Si está clarísimo que era un virus...». No sabía cómo explicarles que esa parte del drama ya la había procesado durante toda la noche anterior, que me había pasado en vela, y que ahora estábamos en otra etapa: LA DE RECUPERAR LA CUENTA DE MIS GATOS, en concreto.

Cuanto más leía en Google sobre casos de secuestros de cuentas, más me desesperaba. A las doce del mediodía, ya había intentado contactar con tanta gente en Facebook que sospecho que Mark Zuckerberg estaba al tanto del asunto.

Lo que más me agobiaba era que la cuenta había desaparecido. Tecleaba en el buscador «En mi casa no entra un gato» y decía que esa cuenta no existía. No entendía qué interés podían tener en secuestrar una cuenta para hacerla desaparecer. No sé, que me pidieran un rescate o algo, ¿no?

A los dos o tres días, una seguidora me escribió a mi cuenta personal y me preguntó si le había cambiado el nombre a la cuenta de Mía y de Atún: me adjuntó un pantallazo de una cuenta con un nombre rarísimo, una foto de perfil aún más rara... y todas las fotos que habíamos subido en estos años. Es decir, que quien me había robado la cuenta la mantenía, pero con otro nombre y otra foto de perfil.

Inmediatamente me puse en contacto con Facebook, enviándoles el pantallazo y señalando en plan «¡Ha sido este!». Pasaron varias semanas hasta que pude recuperar la cuenta. Aprovecho estas páginas para agradecer la amabilidad y paciencia de todos los que me aguantaron en el proceso.

Y ustedes se preguntarán que para qué les suelto este rollo. Pues en realidad porque fue precisamente durante el tiempo en que la cuenta estuvo secuestrada cuando fui consciente de la comunidad que se ha creado en las redes sociales en torno a Mía y a Atún. Abrí la cuenta de Instagram el 22 de febrero de 2018. La primera foto que subí fue la de Mía metida en el bolso de Bárbara, que venía con ella hacia mi casa (la verdad es que ahora que la estoy volviendo a ver, era guapííííísima ya de pequeña). Lo que comenzó como un pequeño apoyo para la publicación del libro se terminó convirtiendo en un nexo con miles de personas que siguen las aventuras de mis dos gatos.

Suelo publicar unas cinco fotos por semana –los viernes y los sábados descansamos–. Como tenemos muchos seguidores en América, intento hacerlo en torno a las 21:30 de España, para que a ellos les coincida con la hora de comer (más o menos). Se trata de imágenes en las que aparecen, o bien Mía, o bien Atún (o, en ocasiones, los dos juntos, aunque es más difícil pillarlos), acompañadas de un comentario de Mía. Por lo general, son textos irónicos –quiero creer que graciosos– de los que se desprende su personalidad: es la reina de la casa, y actúa y habla como tal. De vez en cuando, Atún le «roba» el móvil a su hermana y sube alguna trastada, pero la voz principal de la cuenta es la de Mía.

Nunca he sido un gran fotógrafo, por lo que son escenas de la vida cotidiana reflejadas sin pretensión alguna. De hecho, tiendo a sacar las fotos que deberían ser horizontales en formato vertical. Y viceversa. Cuando subo la foto y estoy con alguien, suelen meterse conmigo, en plan: «Pero ¿cómo vas a subir esa foto, que tiene una luz malísima y está torcida?», «Pero ¿no ves que salen unos calzoncillos?». Pues no, obviamente no los había visto. Pero tampoco me voy a poner estupendo, porque si los hubiera visto es bastante probable que me hubiera dado igual. A ver si es que ahora nadie deja unos calzoncillos tirados por ahí.

Más o menos una vez al mes, Bárbara sufre un ataque de profesionalidad y me dice que va a venir a comer o a cenar y que nos dedicaremos a hacerles buenas fotos a los gatos. Al final terminamos comiendo o cenando, pero rara vez les tomamos instantáneas. Sí que es cierto que, cuando vemos que están haciendo algo curioso, nos levantamos y nos ponemos a hacer fotos o vídeos, pero ellos se dan cuenta y dejan de hacerlo inmediatamente. Por fastidiar, supongo.

De todas formas, juego con la ventaja de que los gatos son animales elegantes, muy fotogénicos y simpáticos por sí mismos, así que el mérito real estaría en hacerles una foto mala. Mía y Atún son, además, muy expresivos. Ella parece que está siempre un poco enfadada. Y Atún abre sus ojazos azules de una forma que hace que parezca siempre sorprendido.

Tenemos cerca de 20.000 seguidores, de los cuales cerca de un 20 % interactúa de manera regular con nosotros. Me gusta porque es un espacio en el que prima el buen humor y la buena sintonía con la gente. A veces, incluso, nos envían regalos. Intentamos contestar a todos los mensajes que nos llegan y colaborar en todas las causas que nos proponen. Nuestros seguidores se ríen y disfrutan con las ocurrencias de Mía. Y le contestan directamente a ella, como si yo no existiera. Muchas veces aportan frases mucho más brillantes que las que habíamos publicado y pienso que ojalá se me hubieran ocurrido a mí. Siempre tienen palabras cariñosas y comparten con nosotros las fotos de sus gatos. Cuando subo muchas fotos de Mía, me preguntan por Atún. Y cuando subo muchas fotos de Atún, me preguntan por Mía. Sospecho que Atún tiene un poco más de tirón en términos de imagen (digo sospecho, pero lo sé, porque siempre supera a Mía en número de «Me gusta», aunque negaré haber compartido con vosotros este dato), pero Mía suele generar más conversación.

Durante el secuestro de la cuenta, muchos seguidores preguntaban por Mía y Atún en mis cuentas personales. Ya podía subir la foto más impresionante del mundo, que la mayoría de los comentarios eran del tipo: «¿Se sabe algo de la cuenta de Atún y Mía?». No comprendí que no era nadie sin mis gatos hasta que una amiga me lo dijo. Lejos de ofenderme, me hizo ilusión. Al final, lo que me estaban diciendo es que se lo pasan bien con nuestras ocurrencias y que, aunque solo sea por unos segundos, les hacemos reír y pasar un buen rato. Y eso nos hace felices a los tres. Porque estamos muy orgullosos de nuestros seguidores. Y también los echamos de menos en los casi dos meses que la cuenta estuvo secuestrada. Prometo no volver a abrir un enlace sospechoso. Salvo que venga oculto en una foto de gatos, claro.

P. S.: Hace tres años, comenzamos a hacer colaboraciones con marcas en redes sociales. Todas ellas son de productos que, previamente, han chequeado nuestras veterinarias y que han sido probados por Mía y Atún –no anunciamos ningún producto que no les guste–. De los ingresos por cada acción, donamos al menos el 50 % a causas humanitarias.

Mis primeras vacaciones con dos gatos (y III): Atún y el síndrome del faraón

«Cuando juego con mi gata, ¿quién sabe si no me utiliza para pasar el rato más que yo a ella?»
MICHEL DE MONTAIGNE

Era el primer verano de Atún en Ribadesella, así que todo resultaba nuevo para él. Tenía cuatro meses y, si hacemos la conversión a años humanos, eso sería, según los expertos, entre seis y ocho años. Que tenía un gran verano por delante, vaya. Todo diversión y ninguna obligación. Ni hacer la cama, ni recoger la mesa... nada que ver con Mía, que a sus tres años era de gran ayuda en el hogar. No, es broma.

Después de que Mía le enseñara las normas de la casa el primer día a base de collejas, Atún empezó a coger confianza y a la semana ya era el de siempre: corriendo como un poseso por el pasillo, con ganas de jugar todo el tiempo, curioseando por las habitaciones, oteando el horizonte a través de la ventana... Y, por encima de todo, tratando de descubrir los rincones en los que su hermana mayor se escondía de él. Mía se había dado cuenta de que había sitios a los que el pequeñajo aún no podía acceder y cuando se cansaba de él (más o menos una vez cada cinco minutos) se retiraba a sus RLA (Rincones Libres de Atún). Parecía no recordar lo mal que se había portado ella en su primer verano en el norte, durante el cual no había dejado de hacer trastadas y se había obsesionado con el rollo de papel del WC.

Una tarde, no lograba encontrarla. Y ya sabéis que los dueños de gatos, cuando no encontramos nuestra mascota, rápidamente comenzamos a establecer extrañas asociaciones en nuestra cabeza. Esas conexiones mezclan superpoderes felinos y grandes desgracias. Y solo existen en nuestra mente.

Encontré a Mía en una de las baldas del armario de la habitación de mi madre. Estaba lo suficientemente alto como para que no se nos hubiera ocurrido pensar que podía llegar hasta allí. Además, se había acomodado en una posición en la que, o mirabas exactamente ese punto del armario o no la veías. Era un escondite perfecto. Perfecto hasta que llegué yo, claro.

Pude ver la cara de decepción de Mía, ya que, ¿adivinan quién apareció detrás de mí? Efectivamente, Atún. A partir de ese día, cuando llevaba un rato sin verlo, iba hasta el armario y bingo, allí estaba. Atún se pasó todo el verano imitando a Mía. Imitando hasta la usurpación: él quería hacer lo mismo que ella, pero claro, en el armario solo había sitio para uno, en el rascador más de lo mismo... Esas primeras vacaciones juntos sirvieron también para comprobar lo buena y paciente que es Mía.

Pero, sin duda, el momento estrella de aquel verano fueron las noches. Atún no dejó de venir ningún día a mi cama a eso de las cinco de la mañana. Creo que va a tener una

adolescencia complicada. Y si llegaba más tarde (¿qué se creen, que los dueños de gatos no salimos?), ahí estaba desde el primer minuto esperando para subirse a la cama y comenzar un extraño ritual: cada noche, sin excepción, me subía uno a uno todos sus juguetes, también sin excepción. Es decir, que un servidor amanecía junto a un ratón, varias pelotas de goma, una pluma y un extraño ser que parece una mopa pero que no lo es, ya que lo compré en una tienda *online* para mascotas. Cada mañana, me despertaba como los faraones egipcios o los líderes mayas. Rodeado de preciados bienes (bienes gatunos, se entiende). Era una especie de ofrenda al dios del amanecer. El problema es que Atún, una vez que subía los juguetes, no quería jugar con ellos. Quería jugar conmigo. Me hace bastante ilusión que mi gato me considere un ser divertido.

Cuando ya los tres empezábamos a alcanzar el nirvana, llegó la hora de volver. Atún se metió un día antes en el transportín y Mía, cosa rara, no gruñó al entrar. El camino de vuelta lo hicimos sin sobresaltos. Atún debió de tener alguna reminiscencia del viaje de ida y decidió callarse durante el trayecto, no fuera a ser que las llevara al llegar a Madrid.

Al entrar por la puerta y soltarlos, cada uno corrió en una dirección. Mía hizo una rápida batida por la casa para dejar su olor y Atún la observó a una distancia prudencial. Después, los dos me miraron. Parecían estar diciendo: «Pedrín, las vacaciones están bien, pero mucho mejor la rutina. Que a veces te olvidas de que somos gatos».

¿Y qué día no es el día del gato?

«El gato es un acto gratuito del gato.»
JOAQUÍN O. GIANNUZZI

Uno nunca sabe en qué momento se va a replantear su vida. A mí me sucedió hace dos semanas. Eran las cinco de la mañana (como en la canción de Juan Luis Guerra) cuando Atún empezó a maullar y a ejercer esa estrategia de presión tan felina y tan altamente eficaz para que los humanos se despierten: pegar su cara a la tuya de tal manera que están lo suficientemente lejos como para ni tan siquiera rozarte con los bigotes, pero lo bastante cerca como para que sientas que están ahí, mirándote fijamente.

Supongo que esto es algo que les habrá pasado a muchas otras personas que comparten su vida con gatos. Sé que suena extraño, pero no es tan raro despertarse y encontrarse un primer plano de tu gato contemplándote con una expresión a medio camino entre la de observador científico, la de hacerte sentir culpable por no prestarle la atención que él cree que se merece y, la más concreta, la de no considerarte una presa. Todavía.

Atún es un gato muy inquieto y todas las noches se da

varios paseos por encima de mí. Lo hace como si no hubiera nadie más en la cama. Le da igual pisar barriga, cara o pierna. Y, a estas alturas, creo que ya podemos confirmar que NO apoyan sus patas traseras en el lugar exacto en el que han apoyado las delanteras.

En fin, que tampoco estaba siendo una noche muy diferente a las demás. Después de pasear un rato, Atún suele acostarse a mi lado y lo acaricio hasta que se duerme de nuevo. (Nótese que doy por normal el hecho de que me despierte de madrugada). La cosa cambió cuando, esa noche, Mía se sumó a la fiesta. No suele aparecer de noche, porque pasa bastante de su hermano y de mí (sus motivos tendrá), pero esa madrugada le apetecía entrar en uno de los armarios. ¿Y qué hace un gato cuando quiere que le abran una puerta? Te lo pide hasta que accedes por agotamiento. Mía empezó a golpear la puerta con la zarpa. Al principio, lentamente. Después (tampoco mucho después, no se vayan a creer que es paciente), como si fuera un cajón flamenco.

Me incorporé para abrirle la puerta y dejarla entrar, teniendo cuidado de que se quedara entreabierta, porque sé perfectamente que cuando entra solo se queda cinco minutos. ¿Qué sucedió? Pues que al levantarme, Atún se despertó. Y la fiesta comenzó.

De repente me vi abriendo la puerta a mi gata para que pudiera entrar a llenar de pelos las camisas, mientras mi otro gato saltaba y corría por la cama... Y todo a las cinco de la mañana. Y sin Juan Luis Guerra cerca. Y sí, tuve un (breve) momento de lucidez y me replanteé mi vida. Porque la situación, si lo piensan un poco, es para, al menos, echarle una reflexión. Y si no lo piensan un poco, también. A mis treinta y nueve años, desvelado de madrugada, abriéndole la puerta del armario a mi gata mientras mi gato me pisa con garbo.

Me vino a la mente esta situación porque esta semana celebramos el Día Internacional del Gato. Al parecer, se instauró el 20 de febrero porque fue el día en que se murió Calcetines, el gato de durante veinte años convivió con la familia Clinton y que se instaló en la Casa Blanca cuando Bill fue presidente. Desconozco si se puede tener más poder que siendo el gato del presidente de los Estados Unidos, la verdad. A la autoridad felina se le añade el botón nuclear. Casi nada.

Calcetines también era el nombre del lobo que se hacía amigo de Kevin Costner en *Bailando con lobos*. Y, sospecho, el de cualquier animal doméstico que tenga las zarpas de un color diferente al del resto de la pata.

Pero en lugar de reflexionar sobre si Kevin Costner estaba mejor en *Bailando con lobos*, en *El guardaespaldas* o en *Los intocables de Eliot Ness*, que es un debate interesante, mi mente regresó a aquella madrugada en la que mis gatos montaron una fiesta en mi habitación. Y aquella reflexión se convirtió, entonces, en incomprensión. No entiendo que haya un Día Internacional del Gato. No viene a cuento. ¿De quién se creen que son los trescientos sesenta y cuatro días restantes? ¿Cómo creen que es la convivencia-tiránica-consentida-y-aceptada con los felinos domésticos?

A veces pienso que ellos me ven como un okupa en su morada. Cuando pasean por la casa, además de reflexionar sobre con qué autoridad cruzan las estancias, noto que me miran un poco de soslayo, sin entender por qué estoy en su sofá y, sobre todo, cómo puedo estar en su sofá y no rascarlo. En su mente, soy un señor que se instala en algunos de sus espacios preferidos y, por lo tanto, ven normal muchas de las cosas extrañas que hago para complacerlos en sus deseos o para no importunarlos en alguna de las catorce siestas que se echan –de media– al día. Es altamente probable que, cada noche, cuando Atún se tumba a mi lado, piense: «Pero ¿este tío qué hace en mi cama otra vez?».

Su poder es tal que pueden llegar incluso a anularlo a uno como persona. Recuerden lo que me pasó durante el secuestro de su cuenta de Instagram, que mis publicaciones personales no interesaban a nadie. Incluso mis amigos no dejaban de preguntarme por ellos.

Y, de nuevo, en lugar de reflexionar sobre la calidad de mis amistades o la colonización de mis espacios virtuales que habían llevado a cabo mis gatos, no se me quitaba de la cabeza la injusta celebración del Día Internacional del Gato. Había algo raro. Tenía la sensación de que acababa de celebrarse. Efectivamente, el gato es el único concepto en el mundo que tiene no uno, ni dos, sino tres días internacionales –el 20 de febrero, el 8 de agosto y el 29 de octubre–. Por aportar un poco de contexto: la paz mundial solo tiene un día al año (el 21 de septiembre, por si les interesa). Ningún derecho, movimiento, colectivo ni, por supuesto, ningún otro animal, tiene tantos días de celebración.

Aún estamos lejos de que se les reconozcan como propios los trescientos sesenta y cinco días del año. Pero todos los que convivimos con ellos sabemos que es únicamente una cuestión de tiempo. De momento, ya nos llevan dos días de ventaja al resto de especies.

Una escena cotidiana

«¿Quién en su sano juicio podría creer que no hay
un alma detrás de esos ojos llenos de luz?»
THÉOPHILE GAUTIER

Es domingo por la tarde. Un sol de inicio de primavera se cuela por la ventana de la cocina.

Mientras escribo estas palabras, Atún duerme plácidamente sobre un rascador de cartón que se ha convertido en su cama preferida para siestas.

Mía descansa hecha un ovillo en lo alto del rascador de tres pisos que tenemos junto a la ventana.

En el ordenador suena *Canción para mi muerte,* de Sui Generis.

Ojalá se detuviera –un poquito, al menos– el tiempo aquí.

Un gato feliz que sabe caer bien

«Si ofreces refugio, comida y cariño
a un perro, creerá que eres su dios. Si ofreces
lo mismo a un gato, creerá que el dios es él.»
CHRISTOPHER HITCHENS

Atún es un gato que cae bien. Literalmente. Se va cayendo por todos los rincones de la casa. Es una cosa muy curiosa. A lo mejor está caminando por el salón y, de repente, se tumba. Pero no lo hace lentamente, no. Se tira al suelo de golpe. Y se queda allí varios minutos contemplando el panorama. Cualquiera diría que está incomodísimo, pero parece ser que no.

Si me desplazo por la casa, me lo encuentro tumbado en medio de mi trayecto. Suele estar en lugares extraños en los que se ha dejado caer porque, sencillamente, le parecía un buen sitio para tumbarse y pasar el rato. Es una escena graciosísima, porque se ve que se ha quedado tal cual ha caído.

Cuando está en el sofá, dedica unos segundos a elegir el sitio en el que se va a tumbar. Una vez escogido, lleva a cabo una maniobra que, dado el cariño que le tengo, podría de-

finir como «peculiar», pero que en realidad no tiene ningún sentido. Y es que en lugar de tumbarse con tranquilidad, realiza una especie de extraña pirueta que lo coloca boca arriba en el aire y hace que su lomo choque contra el sofá. Y se queda así, con las patas hacia arriba, mirándome y diciéndome con los ojos: «Aunque no te lo creas, estoy fenomenal».

Es un gato común europeo. Nació, al parecer, en abril de 2019. Pero ya se sabe que el cumpleaños de un gato no es el día que nace, sino el día que llega a su hogar, así que aquí lo celebramos a finales de junio. En la cartilla con la que llegó ponía que se llamaba Gofio. Se lo cambié a Atún porque era un nombre que siempre me había hecho gracia para mi segundo gato. En casa lo llamamos Atún, Tunicia, Tuni o Atunete. Salvo cuando viene mi amigo Jesús, que lo llama José Miguel porque dice que Atún no es un nombre serio.

Es principalmente blanco, con toques grises y amarro nados. Tiene una cara que es objetivamente bonita (esto no es pasión de padre, palabra). A pesar de que gasta unos impresionantes ojos azules, su rasgo más característico es el hocico, pues los bordes negros perfilan una forma acorazonada. El antifaz y las orejas son grises y, de la parte alta de los ojos, le salen dos rayas negras perfectamente marcadas. Como si se las hubieran pintado con un delineador de ojos. (Les juro que acabo de buscar «*eyeliner*» en Google y me ha salido un reportaje de la revista *Telva* sobre «Los 6 mejores *eyeliner* para torpes o principiantes» y la fotografía que lo acompaña es la de una modelo con un gatito sobre el hombro. El *eyeliner* del gatito no está tan bien como el de Atún –¿dónde va a parar?–, pero está mejor definido que el de la modelo, sin ninguna duda).

Atún es un gato enorme. Cuando se pone al lado de Mía, parece el doble de grande. De hecho, cuando la cojo a ella después de cogerlo a él, es como si fuera una pluma. Llevarlo al veterinario en el transportín me sirve como ejercicio del día, pues tengo que cambiar de brazo cada cien metros. En el veterinario, por cierto, se porta genial. Ronronea y todo. Nada que ver con su hermana.

Físicamente, es un poco amorfo. Sus patas delanteras son muy fuertes y eso hace que, cuando lo ves venir caminando hacia ti, tengas la sensación de que vuelve de hacer pesas en el gimnasio. Su amorfismo se acentúa cuando se tumba sobre los brazos del sofá –uno de sus lugares favoritos–. Como tiene las patas tan largas y grandes, le quedan colgando de tal manera que se parece más a un mono que a un gato.

Tiene muy buen carácter. Todo le parece bien (o al menos eso creo). Y es supercariñoso. Cada vez que me pongo en posición horizontal, aparece él para tumbarse a mi lado. Restriega la cabeza con fuerza contra cualquiera que lo acaricie. Muchas veces, me pone una patita sobre la pierna. El 90 % de las noches duerme en mi cama. Cuando vuelvo a casa a destiempo y no sale a recibirme, está allí tumbado, sobre una toalla o algo de ropa que yo haya dejado. Le encanta despertarme de madrugada. Contra ese vicio, he desarrollado una táctica: me pongo a abrazarlo y huye despavorido. Aclaración: esa estrategia únicamente vale para retrasar unos minutos el momento de levantarse. Los minutos que tarda en volver, en concreto.

Había leído a muchas personas que afirmaban tener gatos habladores y siempre me había preguntado lo que querrían decir. Pues YA LO SÉ. Atún no calla. En ningún momento. Cuando quiere algo –por lo general, comida– maúlla. Y cuando no quiere nada, también. Maúlla cuando me ve. Maúlla cuando viene a verme. Maúlla cuando se va. Maúlla cuando lo acaricio y no se lo esperaba. Maúlla cuando lo despierto de la siesta (ahora que lo pienso, puede ser que él me despierte por las noches como venganza). A veces parece que vocaliza y todo. Si le hablas, te contesta (con un maullido, se entiende). He llegado a contarle hasta ocho réplicas. Cuando quiere cerrar la conversación, lanza un maullido débil, un poco lánguido. Lo hace para dar pena. Es bastante zalamero. E insistente. Una vez vinieron a visitarme Pablo y Cova con su hijo Javi, que jugó cada día con Atún. Utilizaba una cinta azul –de envolver paquetes de pasteles–. Desde entonces, cada mañana se pone delante del cajón en el que guardo la cinta y no para de maullar hasta que la saco y juego un rato con él.

Cuando trabajo en casa, se tumba detrás del ordenador. Si la reunión dura mucho, se da un garbeo por el teclado. Entonces, lo cojo en brazos y lo enseño a mis compañeros de videollamada. Siempre triunfa. El problema es que tiene un extraño don para crear asombrosas combinaciones de teclas al pisarlas y provocar situaciones que jamás había visto. Hasta en cuatro ocasiones le ha dado la vuelta a la pantalla –no me imaginaba que eso se pudiera hacer en un ordenador portátil, porque tampoco tiene mucho sentido–. De repente, me vi con la pantalla del revés, sin tener ni idea de cómo ponerla del derecho. Otras veces, se posa sobre las teclas que hacen que aparezca el código de la página. A lo mejor es que Atún es un *hacker*.

Se lo come todo. Y todo es TO-DO. Se come la comida que Mía deja en el plato. Se come las bolsas de plástico. Se come los cierres de las bolsas de basura. Se ha comido medio rascador. También muchas de las esquinas de los libros que tengo en la biblioteca. Una vez, vi en su arenero una caca que tenía cierto color rojizo. Entré en pánico pensando que era sangre. Le envié la foto a Vero, que me confirmó que ella pensaba lo mismo. Al tocarla con el recogedor, vi que tenía una textura un poco extraña. Era un trozo de plástico (supongo que de alguna bolsa). Estaba doblado, pero al extenderlo ocupaba casi el tamaño de la palma de mi mano. No me pregunten ni de qué manera fue capaz de ingerirlo ni cómo hizo para doblarlo con tanto cuidado en el estómago.

Es muy juguetón. Siempre está tirando cosas al suelo y

poniendo cara de sorprendido al verlas caer, como si fuera la primera vez que sucede y él no tuviera nada que ver. Está obsesionado con las figuritas que vienen en el roscón de Reyes (aquí podría explicar mi obsesión con dicho dulce, que hace que tenga media balda de una estantería llena de ellas, pero estamos hablando de Atún ¿no?). Cada día arroja al suelo dos o tres y las marea por la casa.

Quiero pensar que es feliz. O al menos eso da a entender con la ilusión con la que me recibe cada día y con la cara que pone cuando se queda dormido a mi lado.

Me mira con esa carita de no haber hecho una maldad en su vida y me hace pensar en lo bien que me cae –y lo bien que cae– y el gran acierto que fue adoptarlo. En materia de gatos, dos siempre son mejor que uno. Mía nunca lo dirá. Pero también lo piensa: la casa es mucho mejor desde que Atún llegó a nuestras vidas.

Días para ser gato (III): el don de estar siempre en medio

«GATO: Autómata indestructible
(pero suave) creado por la Naturaleza
para poner orden en el entorno doméstico
cuando todo se ha ido al garete.»
AMBROSE BIERCE

¿Conocen al gato Larry? Es, seguramente, el gato más poderoso del mundo. Vive en el número 10 de Downing Street, en Londres. Llegó allí en 2011 procedente de Battersea, un refugio londinense para perros y gatos fundado en 1860. Su título oficial es el de jefe de caza de ratones del Gabinete del primer ministro británico, aunque todos los ingleses saben que es el que manda en el país. Primero nombró a David Cameron, luego continuó con Theresa May y, después, decidió darle el poder a Boris Johnson.

Larry es una celebridad. Sale y entra de casa cuando le da la gana. Si la puerta está cerrada, el policía que vigila la entrada se la abre. Si no hay guardia en la puerta, se sienta a esperar en una actitud muy felina hasta que algún periodista se acerca y llama al timbre por él. Cuando hay visitas de jefes de Estado, deja claro quién le cae bien y quién no –con Donald Trump se metió debajo de un coche–. Los reporteros que siguen al Gobierno le han llegado a poner un atril delante, de tal manera que parecía estar ofreciendo una rueda de prensa. Tiene centenares de miles de seguidores en su cuenta de Twitter, está un poco fondón y sus opiniones políticas no tienen por qué coincidir con las del ser humano que habita en su casa.

Durante el confinamiento, con el teletrabajo como temática estrella, Larry lanzó una pregunta a sus seguidores: «¿Es verdad que miles de teclados de ordenadores de todo el mundo están siendo ocupados por gatos?». Y pidió pruebas fotográficas. La respuesta: miles de fotografías de gatos interponiéndose entre sus humanos y las computadoras.

Es curiosa esa virtud –¿lo llamarían virtud?– de los gatos para ponerse siempre en el lugar que más fastidia (iba a decir «jode», pero en un libro serio y respetable no se pueden escribir palabras malsonantes) a sus compañeros de piso. La petición de Larry era, en realidad, un mensaje para todos los que compartimos piso con felinos: no estáis solos en esto, nos estaba diciendo; hay miles de humanos a los que sus gatos también les vacilan sin pudor.

Porque, admitámoslo, los gatos nos observan con aires de superioridad. Y así nos tratan. Pero, cuando desde esa altura moral desde la que nos contemplan notan que algo se interpone entre nuestro interés y ellos, deciden bajar a la tierra y actuar. En los días de confinamiento y convivencia, las oportunidades que se le presentaban a tu gato para tocarte las narices y demostrar que estaba por encima de todo se in-

crementaron exponencialmente.

Mía y Atún son especialistas en la materia. Desde el inicio de la cuarentena no hubo videoconferencia o videollamada en la que Atún no apareciera para saludar. Lo hacía, además, de una forma muy sutil: paseando por encima del teclado y dejando textos escritos que parecían mensajes cifrados. Con una extraña predilección por la tecla «ñ». Luego, eso sí, cuando lo cogía para enseñárselo a mis compañeros, se zafaba de mí dejándome recados en los brazos.

Han perfeccionado de tal forma su capacidad para saber cuándo estoy concentrado que son capaces de distinguir si un libro me está gustando o no. Al inicio del confinamiento empecé *Las correcciones,* de Jonathan Franzen. Seiscientas páginas. La mejor manera que tengo de decir lo que me pareció es con aquella frase que solía decir mi madre: «Si tienes tiempo, no lo leas». Pero como soy incapaz de dejar un libro a medias, lo acabé. Pues bien, ninguno de los dos se cruzó entre el libro y un servidor en el (extenso) tiempo que duró la lectura. Ahora bien, comencé *La novia gitana,* que me entretuvo bastante, y entonces sí, ahí estaba Atún para restregar la cabeza contra el libro y dificultar la lectura.

Por lo general, suelen ponerse delante de la televisión

cuando juega el Oviedo. No es una situación tan dramática, ya que son gatos, no tigres, y en un partido de fútbol lo principal no suele suceder en el plano inferior. Pero, ¡ay amigos!, durante la cuarentena descubrieron el punto exacto en el que la señal del mando hace contacto con la televisión. ¿Adivinan dónde se colocaba cada noche Mía? Eso es. En ese mismo punto. Conseguía generar la incomparable sensación de meterte bajo la manta, pensar que lo tienes todo y darte cuenta de que debes levantarte para poder cambiar de canal, porque tu gata ha decidido que ver la tele por la noche no debe ser tan placentero como imaginabas.

Como estábamos todo el rato juntos, también decidieron acompañarme en todas las tareas del hogar. Su preferida era la limpieza de sus areneros (desde su superioridad, la imagen debe de ser ciertamente reconfortante). El cuarto de baño es pequeño y, además de las cosas habituales para un cuarto de baño, están también la lavadora y sus dos areneros. Pues allí nos íbamos los tres. Con la única salvedad de que dos no iban a ayudar, sino a inspeccionar y a meterse por el medio siempre que fuera posible.

También descubrí su capacidad para innovar. Durante aquellos días, hacía deporte en casa (nada grave, media hora de ejercicios). Solía poner música en la televisión y medir el tiempo de las repeticiones de cada ejercicio por el de las canciones. Mía lo pilló al instante. Y allá se fue. A ponerse justo delante del reloj. ¿Saben dónde se pone Atún cada vez que hago planchas? Efectivamente, debajo de mí. Dos aclaraciones: hago como mucho quince planchas seguidas, no se vayan a pensar. Y cuando digo «planchas», me refiero al ejercicio de subir y bajar con la fuerza de los brazos, lo que tal vez usted conozca como «fondos». (Yo me enteré hace poco de la diferencia). No solo eso. Un día, mientras hacía unas abdominales (de pequeño tenía un entrenador que decía «abominables»), Atún se puso a la altura de mi cabeza, y cada vez que aparecía por allí me tocaba con la zarpa. Era muy gracioso, porque pasaba a mi lado, estiraba la patita, me rozaba la cabeza, y seguía su camino. No sé si estaba contándolas o bendiciéndome.

El confinamiento sirvió para descubrir el nivel de sofisticación al que pueden llegar los gatos para llamar nuestra atención. Que se pongan en el mejor sitio del sofá o que caminen sobre el pecho de uno durante la madrugada son ya casi cuestiones menores. Al menos entonces, gracias a Larry, supimos que no estábamos solos en el confinamiento felino. Que lo compartíamos con miles de personas.

Con la pandemia, el resto de animales empezaron a recuperar espacio al ser humano. Para entonces, los gatos ya habían colocado a uno de los suyos en la parte alta de la cadena de mando del Imperio británico. Consuela pensar que no somos la única especie a la que miran por encima del hombro.

Y no me importan ni el limón ni la sal. O sí.

«Tú juegas a engañarme,
yo juego a que te creas que te creo.»
Luz Casal

Los mecanismos de los recuerdos son impredecibles. Hay canciones que se quedan en la memoria desde la infancia. No tienen por qué ser muy conocidas ni muy pegadizas. Están ahí, agazapadas en lo más profundo del cerebro o de donde sea que se guarden los recuerdos, y de repente afloran e incluso te llega el olor de aquellos días. Tengo grabados a Julio Iglesias, a Los Panchos, a Fausto Papetti o a Luz Casal, por ejemplo.

Y luego está el significado real de las canciones, que es un melón importante. Porque, claro, tú te pasas toda la vida cantando una canción pensando que es, por ejemplo, una canción de amor a otra persona. Es decir, de amor carnal. De pasión. Y luego resulta que no, que la canción estaba dedicada a Dios, y ya no sabes si todos los pensamientos que te generó antes de saber su verdadero significado son pecado o qué. Pasa mucho con las letras de U2 (mi madre, cada vez que oía el nombre de la banda irlandesa, añadía «u tres...»).

Pero supongo que será como todo en la vida, que cuando hay un tema que te interesa, crees que todas las canciones hablan de él. O de ti. Y oye, si eso te hace feliz, ¿por qué vas a dejar de hacerlo?

A mí me pasa mucho que me imagino que algunas canciones están dedicadas a los gatos. En realidad, cualquier canción que hable del amor, del desamor, del pasotismo o de la indiferencia podría estar hablando sobre gatos, pero hay algunas que dan sospechosamente en el clavo. Si tuviera que quedarme con una que explicara la relación humano-gato y otra que explicara el sentido contrario, serían estas dos.

Por la parte de los gatos: *No me importa nada.*

La popularizó Luz Casal. La letra es de Gloria Varona y la música de su hermano Pancho. La autora asegura que la escribió en diez minutos y que estaba dedicada a la pareja que tenía en aquel momento. Hay varias lecturas de la canción. De hecho, tiene dos videoclips diferentes. En uno, aparece Luz Casal en una discoteca, vestida de cuero, tratando con displicencia a todo ser vivo que se cruza en su camino. Empuja a uno, utiliza de escalón a otro, le tira una copa a la cara a un tercero... Todo muy felino, vaya. La segunda versión es igual de felina, pero algo más optimista. Luz se despierta con calma y comienza un paseo en el que avanza con seguridad y sin preocupaciones.

Pero vayamos con la letra:

Tú juegas a quererme,
yo juego a que te creas que te quiero.

Buscando una coartada,
me das una pasión que yo no espero
y no me importa nada.

La expresión «No me importa nada» es, básicamente, la esencia de la manera de ser de los gatos. Se ejemplifica muy bien cuando les dices ochenta veces que no, cuando los bajas doscientas veces de la encimera y se suben doscientas una o, sobre todo, cuando los coges para bajarlos de algún sitio, los depositas en el suelo y ellos empiezan a caminar como si el trayecto en el aire fuera algo que tenían programado. Es que realmente no les importa nada.

Les demostramos amor, pero ellos esperan de nosotros que les demos comida y les limpiemos el arenero, básicamente.

De vez en cuando, nos dan cariño. Pero, eso sí, ha de ser la cantidad exacta que ellos quieren. Como te pases un poco, adiós muy buenas.

Tú juegas a engañarme,
yo juego a que te creas que te creo.
Escucho tus bobadas
acerca del amor y del deseo.

A estas alturas, doy por hecho que ningún dueño de gato aspira a engañar al suyo. Es una misión imposible. Son desconfiados por naturaleza. Cuando se la cuelas, es porque se han dejado engañar, seguramente conscientes de que les saldrá rentable a largo plazo. Cuando tú vas, ellos ya han hecho siete veces el camino de ida y vuelta.

Y a saber lo que pensarán de las voces que les ponemos cuando volvemos a casa o cuando los acariciamos. La sensación de ver a un ser enorme poniendo voces extrañas, que intentan ser cariñosas pero que, no nos engañemos, son ridículas, debe de ser complicada de asimilar desde la perspectiva de un animal al que los egipcios trataron como a un dios.

Y no me importa nada nada (nada)
que rías o que sueñes, que digas o que hagas
y no me importa nada
por mucho que me empeñe,
estoy jugando y no me importa nada.

Resulta muy pertinente que en el estribillo se repita el «nada», porque no es que no les importe nada, es que no les importa nada de nada. Salvo, eso sí, aquello que capte tu atención de una forma que pueda parecer (solo parecer) que rivaliza con ellos. Entonces se pondrán a perseguir la pelota en la televisión, a pasearse por encima del teclado del ordenador y a maullarte al oído a las seis de la mañana. No vaya a ser que estés soñando con algo agradable. Y en ese momento tú los mirarás, intentando explicarles que no te pueden despertar a esas horas, pero a ellos les da igual, porque en ese caso no les importa nada. Nada más que su desayuno, en concreto.

Tú juegas a tenerme,
yo juego a que te creas que me tienes.
Serena y confiada,

invento las palabras que te hieren
y no me importa nada.

Esta táctica es más vieja que las piedras, pero sigue siendo efectiva. Decía Stendhal que lo que engancha del amor es la incertidumbre. Y aquí los gatos son auténticos maestros. Nunca sabes de qué humor van a estar. Un día, sin esperarlo, se tumban encima de ti y comienzan a ronronear mientras te amasan la tripa. Al día siguiente, ni salen a recibirte cuando llegas a casa. Y con esa intermitencia logran que no eches de menos no poder moverte a tu antojo en la cama o, mucho más extremo, que te despiertes automáticamente a las seis de la mañana cuando duermes fuera de casa y pienses que ojalá estuvieran allí para, en lugar de dormir plácidamente, levantarte como un zombi, ponerles la comida y volver después al catre.

Tú juegas a olvidarme,
yo juego a que te creas que me importa.
Conozco la jugada,
sé manejarme en las distancias cortas
y no me importa nada.

Pues claro que conocen la jugada. Saben perfectamente que los humanos, a partir de determinado tiempo sin ver a nuestros gatos, comenzamos primero a echarlos de menos y después a imaginar que les ha pasado algo. Y ellos, en las distancias cortas de las casas, sacan partido a rincones que jamás hubiéramos imaginado que existieran. A día de hoy, todavía no sé de dónde demonios sale Mía cuando aparece después de un rato buscándola. Y lo peor de todo es que me pone cara de estar vacilándome. Qué fácil es todo cuando no te importa nada...

Por el lado de los humanos, la canción sería *Limón y sal*, de Julieta Venegas. Se supone que habla del tequila, de la mezcla de sensaciones que provoca chupar una rodaja de limón para fruncir el ceño y parecer un señor arrugado, lamer después la sal y finalmente pasar al alcohol para que te arda todo.

Pero dejémonos de incitar al alcoholismo y vayamos con el análisis de texto.

Tengo que confesar que a veces
no me gusta tu forma de ser.
Luego te me desapareces
y no entiendo muy bien por qué.

La forma de ser de los gatos es la forma de ser de Schrödinger: nos gusta y no nos gusta a la vez. Su puñeterismo es adictivo. Son graciosos sin pretenderlo. Claro que entendemos por qué desaparecen: porque no les interesa lo que estamos haciendo o porque quieren descansar de nosotros, pero es complicado aceptarlo.

No dices nada romántico
cuando llega el atardecer.
Te pones de un humor extraño
con cada luna llena al mes.

Esperar cariño de un gato cuando nosotros lo queremos es una utopía. Saben que lo estamos esperando y, por esa misma razón, no nos lo darán. Nunca. Te pongas como te pongas. Al contrario, una vez al mes (más o menos, no es un dato estadístico) instaurarán una nueva moda pasajera. Les dará por dormir en el cesto de la ropa sucia, por arañar un mueble al que nunca le habían hecho caso o por tirar fuera el agua del bebedero. Para cuando te hayas adaptado a esa moda, cambiarán para evitar que te acomodes. (¿Pillan el juego de palabras? Realmente no sé cómo han dejado que se publique este libro...).

Pero a todo lo demás
le gana lo bueno que me das.
Solo tenerte cerca
siento que vuelvo a empezar.

Aquí es donde los que compartimos casa con un gato hacemos de la necesidad virtud y recordamos todas las ventajas que tiene la convivencia. Porque todo son ventajas. A mí, por ejemplo, Mía y Atún me dieron la vida durante el confinamiento estricto que comenzó en marzo de 2020. Estar con ellos me alegró los días. Me hicieron compañía. Me dieron cosas que hacer. En un tiempo en el que el contacto físico estaba proscrito, sentir cómo se echaban a dormir apoyándose en mí era una sensación agradable.

Pero pandemia aparte, he de decir que la principal ventaja que acarrea tener gatos, la que a mí más me reconforta cada noche, es que han desaparecido los fantasmas de mi casa. Siempre he sido un cagueta. Pero desde que Mía y Atún están en casa, presupongo que cualquier ruido que oigo por las noches lo han hecho ellos. Y así, con casi cuarenta años, es como he dejado de creer en los fantasmas.

Yo te quiero con limón y sal.
Yo te quiero tal y como estás.
No hace falta cambiarte nada.
Yo te quiero si vienes o si vas
si subes y bajas y no estás
seguro de lo que sientes.

A ver, es una cuestión de pragmatismo. Una vez te han inoculado el veneno felino, ya no tienes escapatoria y da igual cómo te pongas. No los vas a educar. No vas a enseñarles nada que no quieran aprender, sobre todo si no conlleva la obtención de un premio. Los ves pasar por delante de ti, de la cocina a la habitación, ignorándote, y los quieres igual. Es más, los contemplas y piensas: «Qué elegantes y qué bonitos son. Qué bien suben y bajan de mis muebles y mis sofás, dejando el rastro de sus uñas por todas partes. Qué bien me ignoran, joder».

Tengo que confesarte ahora
Nunca creí en la felicidad.
A veces algo se le parece
pero es pura casualidad.

Todos los que alguna vez hemos dicho «En mi casa no entra un gato» nos vemos reflejados en esta estrofa. Jamás imaginé lo mucho que se podía querer a un gato. Menos aún a dos. Nunca imaginé lo feliz que me haría pasar una tarde de domingo de invierno en casa durmiendo la siesta junto a Mía y Atún en el sofá.

Luego me vengo a encontrar
con tus ojos me dan algo más.
Solo tenerte cerca
siento que vuelvo a empezar.

Pues sí, pasa. Los ojos de los gatos son hipnóticos. Los miras y te quedas empantanado. Y eso que no sabes si te están observando con cariño o si se están imaginando a qué sabrás. Y cada vez que te miran de cerca, vuelves a reiniciar la conquista, como si fuera la primera vez. ¿Acaso no son los inicios lo más bonito del amor?

Una cuestión de ego

«Después del anochecer
todos los gatos son leopardos.»
PROVERBIO INDIO

En la solapa de los libros del escritor argentino Roberto Fontanarrosa solía ir impresa una frase suya que decía: «De mí se dirá posiblemente que soy un escritor cómico, a lo sumo. Y será cierto. No me interesa demasiado la definición que se haga de mí. No aspiro al Nobel de Literatura. Yo

© Rosa Copado

me doy por muy bien pagado cuando alguien se me acerca y me dice: “me cagué de risa con tu libro”».

Sin intención alguna de compararme con un autor de la talla de Fontanarrosa, sí que puedo decir que comparto con él esa maravillosa sensación que es saber que alguien se ha reído con algo que has escrito. Ese es uno de los comentarios más comunes entre las personas que leyeron *En mi casa no entra un gato.* Entre las personas que me hicieron llegar sus comentarios a través de las redes sociales o del correo electrónico de Mía, claro. Seguramente haya otras muchas a las que no les gustó y, bien por respeto, bien porque el libro las había dejado sin aliento, decidieron no hacerme llegar ningún comentario.

Saber que has hecho reír a alguien genera un orgullo peculiar. Muy ilusionante.

Pero no solo de risas vive el hombre –ni Fontanarrosa cuando aún vivía, ni usted, ni yo–. Todos tenemos nuestro ego. Incluidos los que escribimos sobre gatos. Y a los escritores nos encanta saber cuánto venden nuestros libros y, sobre todo, en qué posición estamos en relación con los demás. Al poco de salir a la venta el mío, descubrí una web que se llama todostuslibros.com en la que puedes saber en cuántas librerías se está vendiendo. Si está en muchas, buena señal. Después, me enteré de que en Amazon se podía consultar en qué posición se encontraba. E*n mi casa no entra un gato* «jugaba» en tres categorías diferentes. La primera, la general, Libros. Ahí, con *El Quijote* o con *Moby Dick*, jugando a lo grande. La segunda, un poco más acotada, Ficción contemporánea. Entiendo que esto era una cuestión de mercadotecnia: les doy mi palabra de que todo lo que cuento es real: Puede haber -y de hecho hay- exageraciones, pero lo que se dice en esas páginas sucedió. Y la tercera, mucho más concreta, Mascotas. Es decir, MI LIGA.

(Aprovecho este momento para confesar una pequeña rareza: intento comprar siempre los libros en la librería Cervantes, en Oviedo. Voy haciendo una lista y, cuando voy por allí, los pillo todos de una tacada. Me hace ilusión aportar una pizca al tejido cultural de mi ciudad natal y apoyar la labor de las librerías. También compro en librerías de Madrid, cuando viajo o en Amazon, ¿eh? pero me gusta concentrar la mayor parte en Cervantes).

El caso es que descubrí esa clasificación y me enganché. Entraba cada día a verla. Leía cada reseña que se publicaba. Luego descubrí Goodreads y la incorporé a mi rutina diaria. Me convertí en una especie de yonqui de las opiniones sobre mi libro. Y ejercía de gran embajador de lo que se conoce como el «Ojo de mosca». Es decir, centrar la atención en la mierda. Si de cien comentarios había uno negativo, ahí iba yo a rebozarme bien en él. Así funcionamos, a veces, los seres humanos.

Pero volvamos a las clasificaciones. Porque cuando uno se pone a mirar una lista... ¿Qué quiere saber? Exactamente, quién está en primera posición. Pues en primera posición, en la categoría Mascotas, estaba, en primer lugar, un espray quitamanchas. Así como lo leen. Se debe de vender tanto que lidera incluso el apartado de libros sobre mascotas.

Después, aparecían libros sobre adiestrar, cómo tener una mascota obediente y educada e, incluso, uno sobre juegos mentales para animales. Han acertado, todos ellos están destinados a los perros. Luego llegaba el turno de los caballos. Hay que ver la cantidad de libros sobre caballos que se editan. También me sorprendía que los libros sobre tortugas, conejillos de Indias o agapornis estuvieran tan arriba en la clasificación (un eufemismo para decir que no entendía por qué eran más vendidos que el mío, vaya). El primer libro de gatos que aparecía era, sin duda, el mejor titulado de todos los que había: *OJETE DE GATO*. Es un libro para colorear destinado a adultos. Su portada era un gato enseñando el culo. Supongo que se trata de colorear traseros felinos. Pues hasta ese libro estaba por delante del mío. En este caso, con razón. ¿Qué puede haber mejor en esta vida que relajarse coloreando el culo de un gato?

Ya fuera de bromas, en los últimos años he leído muchos libros sobre gatos –también sobre otras cosas, ¿eh?– y varios de ellos me han ayudado a escribir este nuevo libro. Comparto con ustedes una selección de ellos, por si les interesan y quieren seguir dándole puntos a mis rivales en las listas de los más vendidos.

El gran libro de los gatos (Blackie Books). Una selección de relatos, ensayos y poemas de la literatura universal. El trabajo del responsable de la edición, Jorge de Cascante, es admirable. También el de Alexandre Reverdin, a cargo de las ilustraciones. Es una pequeña enciclopedia felina. De hecho, muchas de las frases que anteceden a los capítulos de este libro salen de sus textos.

En la mente de un gato (RBA). Sinceramente, no entiendo cómo un libro con este título no está siempre entre los más vendidos. Adentrarse en la mente de los gatos es una de las fantasías más recurrentes de las personas que compartimos nuestra vida con ellos. Este libro no les explicará qué demonios miran cuando se quedan con la vista fija en un punto de la pared en el que –aparentemente– no hay nada, pero sí les ayudará a comprender algunas de sus actitudes. Y, sobre todo, a no desesperarse.

Cómo saber si tu gato planea matarte (Astiberri). La personalidad de los gatos da mucho juego para el humor. Sus tiras cómicas (o memes) conquistan Internet. Basta con que alguien con talento se acerque a ellos con la distancia justa para recrear situaciones cómicas en las que todos nos vemos reflejados. Este libro, certero, irónico y ciertamente gracioso, tiene muy bien pillado el punto felino.

Cats are paradoxes (JDB). Es un libro elegantísimo. Para tener encima de la mesa del salón, abrirlo de vez en cuando y disfrutarlo a pesar de no saber qué significan las ilustraciones. Quizá hubiera hecho bien en leer el prólogo del autor, Pablo Amargo, antes de escribir estas líneas: «No se puede encontrar aquí una historia o un mensaje. Este es un libro de ochenta ilustraciones como ochenta adivinanzas, que no tienen otra solución más que la propia adivinanza»

Adiestra a tu gato (Kitsune), de John Bradshaw y Sarah Ellis. Suena a utopía, ¿a que sí? Pues no, no lo es. Es un libro ilusionante desde el prólogo, ya que la coautora te explica lo que consiguió hacer con su gata Claude. Y te quedas picueto. Es una cosa loca. Además, tiene un montón de trucos para acciones cotidianas: las visitas al veterinario, la convivencia con otros animales, el heroico acto de cortarles las uñas en casa... Una recomendación: hay que tomárselo con ganas y con ilusión, ya que el método conlleva una parte importante de esfuerzo humano. No les digo ya de la parte felina.

Perros y gatos bajo la lupa de los científicos (Nórdica Infantil), de Antonio Fischetti. Con ilustraciones de Sébastien Mourrain. Es un libro infantil, pero escrito con el debido respeto a los pequeños, lo que lo convierte inmediatamente en un libro para todas las edades. Describe, con rigor científico y lenguaje cercano, los principales rasgos de los canes y los felinos. Una guía práctica para entender cada gesto o cada postura de los animales, así como sus costumbres y, si tiramos un poco de imaginación, lo que pasa por sus mentes.

Tangram Gato (Ekaré), de Maranke Rinck y Martijn van der Linden. ¿Ustedes saben lo que es un tangram? Yo me enteré cuando cayó este libro en mis manos. Es un puzle de origen chino que consta de siete piezas: dos triángulos grandes, uno mediano, dos pequeños, un cuadrado y un paralelogramo (que lees y al mismo tiempo repasas lo que aprendiste en el colegio, vaya). El resto es formar siluetas con las piezas sin que estas se solapen. Es un libro para abrir la mente e imaginar. Incluye un tangram. Y tiene forma de gato, claro.

Animales célebres (Periférica), de Michel Pastoreau. Es un libro maravilloso. Para entretenerse y, sobre todo, para aprender. Es una Historia de los animales construida a través de historias, que se van entrelazando con las historias y la Historia del ser humano. Mitos, realidades, anécdotas. De la serpiente del pecado original al primer oso de peluche, pasando por la ballena de Jonás o Mickey y Donald. Cada capítulo es una lección que invita a leer el siguiente. Servidor, por ejemplo, entendió por fin por qué su madre le decía «San Antón se enamoró de un *gochu* (cerdo, en Asturias)». Está, por cierto, muy bien escrito (y traducido).

El tigre en la casa (Sigilo), de Carl van Vechten. Cada vez son más los autores que se atreven a intentar descifrar el gran secreto del gato, que no es otro que dar con la razón por la que un animal (a veces) tan egoísta, (a veces) tan arisco, (a veces) tan pasota y (a veces) tan puñetero, se ha convertido en un ser tan fascinante, llegando incluso a dominar Internet sin saber manejar un ordenador. El mérito de este libro es que se publicó en 1920. Y es muy curioso, porque arranca hablando «Contra el prejuicio popular». Todos los capítulos son interesantes y trazan muy bien el papel que juega el gato en nuestra sociedad (en el teatro, en la poesía o en el folclore). El capítulo de las leyes es tronchante. Porque sí, hubo quien se atrevió a legislar sobre gatos.

Copycat

«Todos los gatos son unos cínicos.»
ANGELA CARTER

La palabra inglesa *copycat* (de *copy*, «copiar»; y de *cat*, «gato») se refiere a las personas que imitan la forma de actuar de alguien a quien consideran un modelo. Dicho así, no suena tan mal. Pero claro, ¿a quién solemos imitar los humanos? A los malos, que para algo somos humanos. Es por eso por lo que el término ha acabado incluyéndose en el ámbito de la criminología y es la palabra que se utiliza para nombrar a las personas a las que les da por imitar crímenes. En realidad, debería ser *copyman* o *copywoman*, pero siempre es más fácil continuar con la infructuosa tarea de acabar con la ya de por sí peculiar reputación de los gatos. Por llegar a un término que no ofenda a ninguna especie, podríamos dejarlo en «copión», que es una palabra preciosa y ofende a todos por igual.

Cuando Atún llegó a casa, decidí comprar un arenero cubierto. Dos gatos haciendo sus necesidades son exactamente el doble de los gatos haciendo sus necesidades que tenía, así que en previsión de una mayor cantidad de olores, pensé que era una buena idea. Me decidí por uno que tenía una forma tan aerodinámica y tantos extras que, cuando llegó, no sabía si había comprado un arenero o un dron. Después de hacer un curso exprés de ingeniería industrial lo dejé instalado. Con su puerta y todo. En el fondo, todos los que tenemos gato hemos soñado alguna vez con tener la mítica puerta pequeña por la que los felinos regresan al hogar. Es probable que nunca lo consiga, pero al menos sí podré decir que mis gatos tuvieron una puerta para acceder al baño durante quince días, que fue lo que duró la cubierta instalada. Desmontarlo cada vez que había que limpiarlo era una lata considerable y, por otro lado, ¿qué más da que la casa huela doblemente a gato? ¡El doble de felicidad!

Sin embargo, aquel arenero dejó para el recuerdo una escena que definiría la relación entre Mía y Atún. Cuando llegué al baño, me encontré a Atún tumbado frente a la puerta, mirando atentamente hacia el interior. ¿Y qué había en el interior? Pues su hermana Mía, que lo estaba mirando desde dentro. Estaba sentada en una postura que, aún a día de hoy, no sé si era para hacer sus necesidades, si estaba esperando a que su hermano se moviera de ahí para poder salir o si en realidad, huyendo de él, había acabado allí escondida. Al verme, alzó la vista y me lanzó una mirada que interpreté como «¿De verdad tengo que aguantar esto?». Yo –iluso– pensaba que, bueno, que aquello sería una moda pasajera, que el pobre Atún era pequeño y se dedicaba a seguir a su hermana mayor por toda la casa. Al fin y al cabo, todos los que hemos sido hermanos pequeños lo hemos hecho.

Pero no, no era una moda pasajera. Atún es un copión. Tiene que hacer todo lo que hace su hermana. Da igual si está durmiendo o comiendo un premio, en cuanto ve a Mía ocupando un lugar que parece cómodo o haciendo algo moderadamente interesante o divertido, allá va él corriendo. Es cierto que él no acude con la intención de expulsar a Mía (dicho esto desde una perspectiva humana). Pero, claro, la falta de sutileza con la que se acerca hace que ella salga espantada en el 99 % de las ocasiones. Espantada y bufando, por supuesto.

Es que además el tío tiene un sensor para identificar cuándo su hermana está haciendo algo potencialmente envidiable. Los domingos por la mañana, suele echarse a dormir en el piso más alto del rascacielos doméstico que tiene por rascador. Se acomoda en el cesto y se queda frito con el sol dándole en la cara. En ese momento Mía, que supongo que tiene el sensor inverso al de su hermano, aprovecha para acercarse a mí –los domingos por la mañana me dedico a escribir una sección que tengo en Deportes en *EL PAÍS*, y lo hago siempre tumbado en el sofá–. Viene sigilosa. Se sube y comienza a amasarme la barriga. Es muy enternecedor, porque de pequeña lo hacía mucho y luego dejó de hacerlo. No sé si es el ronroneo o qué, pero a los dos minutos Atún se despierta y contempla la escena desde lejos. Al principio parece que piensa: «Oh, solo es Mía amasando la barriga de Pedrín». Sin embargo, se nota cómo, a medida que va recuperando totalmente la consciencia, su mente le está diciendo: «Atún, ¿por qué no vas tú también a amasar la barriga de Pedrín? Parece divertido». Un minuto después, resulta evidente que su actividad neuronal se reduce a «¿Qué haces todavía aquí arriba? ¡Deberías estar amasando la barriga de Pedrín porque es el plan del año!». Y entonces ya se lanza al suelo y viene corriendo hasta nosotros. Cuando llega, despliega sus refinadas maneras y se abalanza sobre Mía. Tres segundos después, ya con él sobre mi pecho, me mira con cara de extrañeza cómo preguntándome: «¿Tú sabes por qué se ha ido Mía?». Y, sobre todo: «¿Tú sabes adónde se ha ido Mía?».

Sé que Mía aparenta tener un poco de cara de mala leche, pero es una santa. Más allá de los más que merecidos bufidos y zarpazos, tiene una paciencia infinita. Y lo mejor: está muy contenta de saber que sigue siendo la que marca las tendencias en esta casa. Aunque no lo reconozca.

Si tiene gato, usted se llama Karen

«Apuesto a que los gatos empezaron como compañeros psíquicos, miembros de la familia. Y nunca han dejado de tener esa función.»
WILLIAM S. BURROUGHS

El algoritmo virtual tiene bastante bien pillados mis intereses. Principalmente: gatos, deportes y tonterías varias. Es, más o menos, el orden de las temáticas que aparecen cuando entro en alguna de las redes sociales en las que, o bien mis gatos, o bien yo, tenemos activo un perfil. A saber: Instagram, Facebook y TikTok.

De las cuentas a las que sigo me hacen especial gracia las que ponen voz física a los gatos. Es decir, Mía y Atún se expresan «a su manera», pero cuando tienen algo que decir, lo hacen por escrito. Sin embargo, algunas personas que conviven con gatos son brillantes creadoras de contenido e interpretan muy bien la esencia felina. Esto es, básicamente, una mezcla de displicencia, superioridad moral, ironía y gracia natural. Con eso y teniendo en cuenta que todos los gatos resultan adorables ante una cámara, ya solo es necesario que los humanos que trabajan para ellos como *community managers* le pongan amor, tiempo e ingenio al asunto... y encuentren una voz y un lenguaje que funcione.

Puedo estar horas (pero horas de verdad, ¿eh?) viendo vídeos de gatos. Me lo paso en grande. Es impresionante lo creativa e imaginativa que puede llegar a ser la gente. Hay vídeos que son auténticas maravillas. Simpáticos, elegantes, bien editados, con la música adecuada. Están tan bien hechos que parece fácil, pero luego te pones a intentarlo y te das cuenta de lo importante que es el talento. (Nota mental: tengo que apuntar a Mía y a Atún a un curso audiovisual, a ver si resulta que van a ser ellos los tecnológicos de la familia).

A mí, además de la gracia que me hacen las cosas que dicen y las canciones que se inventan (adaptando grandes éxitos a temáticas felinas), me llamaba mucho la atención lo popular que eran los términos «Karen» y «Karen macho» entre la comunidad gatuna (ya hemos hablado de este tema en un capítulo anterior). Hasta entonces, no lo había oído nunca. Me puse a leer sobre el tema y descubrí la historia de la Karen original. ¿Y cuál era el siguiente paso? Efectivamente, intentar contactar con ella.

Pero antes, un poco de contexto.

El 30 de marzo de 1996 fue un día de nieve y fuego en el barrio de Brooklyn, en Nueva York. A la tormenta blanca que caía del cielo se le sumó el incendio de un garaje abandonado en el que se traficaba y se consumía droga. Fue el inicio de una historia que dio la vuelta al mundo mucho antes de que existieran las redes sociales.

Cuando el fuego estaba ya controlado el bombero David

Giannelli se percató de que una gata entraba y salía del local en llamas. Repitió el trayecto hasta en cinco ocasiones para sacar uno a uno a sus cachorros. Según relata Giannelli, en las últimas incursiones estaba ya tan afectada por el humo y las llamas que iba chocando el hocico contra ellos para reconocerlos. Logró sacarlos a todos.

Giannelli entregó los seis animales a la North Shore Animal League, asociación fundada en 1944, que se hizo cargo de ellos. Cuando lograron curarlos comenzó el siguiente reto: encontrarles una familia a cada uno de los cinco gatos –uno de los cachorros murió a causa de las heridas–. El problema, al contrario de lo que suele suceder con las adopciones de animales, era el exceso de candidaturas. En poco más de un mes se habían recibido más de 6.000 cartas. La historia de Scarlett –así se llamaba la mamá gata– ocupó páginas en los periódicos y minutos en las radios y televisiones de varios países. La popular presentadora Oprah Winfrey ofreció billetes en primera clase a Chicago para los gatos, con el objetivo de que participaran en su programa especial del Día de la Madre. El refugio no accedió.

De entre las miles de cartas recibidas para adoptar a Scarlett se seleccionaron las que cumplían los requisitos –se pedía que se explicara en un párrafo los motivos–. Quedaron, primero, cinco finalistas. Después, únicamente tres. Al final, la elegida fue la neoyorquina Karen Wellen.

Al escribir su nombre en Google, aparecían centenares de enlaces a la historia del incendio y la adopción de Scarlett, pero no había rastro de perfiles suyos en las redes sociales. Deduciendo su edad (de esto hablaremos luego) supuse que, de tener alguna, sería Facebook. Tecleé su nombre en el buscador y me apareció una página que se llamaba «Karen Scarlett Wellen», y cuya foto era la que más aparece en Internet: una en la que la gata está en brazos de su dueña, que sale sonriente.

Como era una página con poco más de mil seguidores y la historia es tan conocida, envié un mensaje pensando que se perdería en el ciberespacio. Pero no. Obtuve respuesta en menos de una hora: «Hola, Pedro. Claro. Estaré encantada de hablar contigo. ¿Estás en España o en Estados Unidos? Lo digo por la diferencia horaria». Esto fue un 22 de junio. La charla tuvo lugar finalmente el 3 de agosto. Entre una fecha y otra, bordeamos en varias ocasiones el desastre.

A Karen le daba un poco de pereza tener esa conversación. Supongo que ya la había tenido tantas veces que solo el hecho de pensar en contar otra vez la misma historia se le hacía un poco bola. Me iba poniendo, de una forma bastante educada y sutil, pequeñas trabas en el camino. Que si estaba con mucho lío, que si su agenda era complicada, que si estaba terminando una mudanza y su casa no estaba para hacer un vídeo. Me salió la vena periodística. Le dije que no tenía ningún problema en no hacer vídeo, pero que necesitaba comprobar de alguna manera que ella –Karen Wellen– era quien realmente decía que era: Karen Wellen.

Aunque pueda sonar un poco friki –y, de hecho, lo es– la pregunta tenía cierto sentido. Al final, yo estaba hablando con un perfil de Facebook, y no tenía ni idea de quién estaba al otro lado. No se trataba de una historia que fuera a cambiar el devenir de la humanidad, pero prefería estar seguro de que estaba hablando con la verdadera Karen Wellen. Y lo hacía porque, cada vez que contacto con alguien por redes sociales para hacer un reportaje o escribir un texto, me acuerdo de la historia de una amiga que tenía un novio que, un día, empezó a chatear por Facebook con la modelo brasileña Gisele Bündchen. El caso es que las conversaciones eran cada vez más frecuentes y la confianza entre ellos iba creciendo. Lo hizo hasta tal punto que mi amiga volvió un día a casa y su novio le dijo que se iba, que estaba enamorado de Gisele Bündchen, que ella estaba enamorada de él y que habían decidido empezar una nueva vida juntos. Mi amiga se quedó flipando. Pero más debió de flipar él cuando quedó con la persona con la que llevaba meses chateando y, oh, sorpresa, no era Gisele Bündchen.

Ya se sabe que los anglosajones son muy correctos, pero Karen fue bastante directa en su respuesta: «Me parece un poco raro todo esto. He hecho centenares de entrevistas y nunca me han preguntado si yo soy yo». La verdad es que visto así sí que era un poco raro.

Total, que tenía a una persona a la que le daba pereza que la entrevistara y encima le había hecho una pregunta casi filosófica que le había sentado moderadamente mal.

¿Qué hacemos los dueños de gatos cuando nos encontramos en una situación así? Pues enviamos una foto de nuestros compañeros de piso para ablandar a nuestra interlocutora. Después de media hora eligiendo, me decanté por una en la que Mía aparece casi comestible. Y todo cambió.

«¡Oh, Dios mío! Pero ¿qué son esos ojazos? ¿Está muy mimada? Apuesto a que sí. Pedro, te prometo que soy yo. Tengo ya una edad y un carácter como para no andar con jueguecitos y tampoco creo que nadie pudiera suplantarme».

Vale, Mía, te debo una.

Viendo que se había abierto una brecha en su resistencia, aproveché para enviarle un par de fotos más, en las que por supuesto aparecía Atún. Desde entonces, la conversación fluyó y concretamos rápidamente una cita para una llamada a través del chat de Facebook. (Eso sí, sin vídeo).

Fue una conversación bastante peculiar. En teoría, las preguntas tenía que hacerlas yo, pero Karen tomó la iniciativa y me espetó un «Háblame de tus gatos» (obviándome a mí por completo), para romper el hielo. Le conté la historia de Mía y Atún (al traducir su nombre, sospeché que «Tuna» no suena tan gracioso en inglés). Se rio con alguna de sus ocurrencias y, en cuanto pude, le recordé que estábamos ahí para hablar de ella y de Scarlett, no de mis gatos.

Me dijo que se acordaba perfectamente del momento en el que escuchó la historia en la radio. Que su madre la llamó –también la había escuchado– para animarla a enviar una carta. «Creía que no iba a tener ninguna opción de adoptarla. Estamos hablando de miles y miles de cartas, en una época en la que no se utilizaba la tecnología como se hace hoy. Poca gente tenía internet, móviles o impresora. Fue Scarlett la que decidió, porque se quedaba todo el rato encima de mi carta. O, al menos, eso me dijeron».

Me pegó un capón virtual cuando le pregunté por su edad: «Eso no se pregunta. Tengo más de 21», contestó. Me contó que era trabajadora autónoma del mundo de la publicidad, que había querido montar una cafetería justo cuando aparecieron los Starbucks –«Ya ves qué ojo tengo»–, que había sufrido un grave accidente de coche –«No conducía yo», matizó– unos años antes. Y eso era precisamente lo que había contado en su carta. Se organizó un gran evento de adopción al que acudieron numerosos medios de comunicación. «¡Llegué a entrar en directo para la BBC! Fue la primera vez que vimos los colores de Scarlett. Hasta entonces, todas las imágenes habían sido en blanco y negro», recordaba.

Cuando Scarlett abandonó el refugio, su rostro guardaba en forma de calvas la memoria de lo vivido en aquella noche en Brooklyn. «Tenía mirada humana. Era una gata muy expresiva. Era muy lista y muy cariñosa. Salía a recibir a todas las visitas. Todo el mundo podía acariciarla, todo el mundo podía cogerla... Y le encantaban las cámaras». En los más de doce años que vivió con ella, la casa se convirtió en numerosas ocasiones en un set de rodaje. «Despertaba interés en todo el mundo. Especialmente en Japón». También se publicaron varios libros sobre su historia.

Scarlett falleció el 11 de octubre de 2008. «Me acuerdo de ella todos los días», me dijo emocionándose. Su recuerdo se mantiene vivo en la casa de Karen y en la página de Facebook, que cuenta con más de 23.000 seguidores. Y, en paralelo, ha crecido otra historia global, especialmente en el ámbito iberoamericano. Las redes sociales, en las que existen numerosos perfiles que personifican a los gatos –los de la chilena Sakura o el del colombiano Tommy el gato mono serían un buen ejemplo–, han extendido el uso de la palabra «Karen» entre los amantes de los gatos.

¿Y cómo se lo toma ella? «Hace algún tiempo, empecé a darme cuenta de que entraban nuevos seguidores desde México, Chile, Colombia y no entendía el motivo. Un seguidor me escribió y me lo explicó. Me parece muy divertido. Y más teniendo en cuenta que en Estados Unidos Karen es poco menos que un insulto, porque se refiere a una mujer de clase media-alta arrogante, agresiva, cansada de todo... Cuando vi que tenía un significado distinto y tan bonito me hizo mucha ilusión».

Cuando le pregunté si se planteaba adoptar de nuevo, confesó que tenía sus dudas: «Mi día a día ahora es complicado. En dos años he perdido a mis padres, he tenido algún problema de salud, creo que de momento seguiré cuidando de las colonias callejeras a las que atiendo». Karen actualiza regularmente la página de Facebook de Scarlett y sube imágenes de gatos y otros animales de la fauna urbana neoyorquina. ¿Por qué no se lanza a la conquista de las demás redes sociales? «Intento mantenerlo lo más sencillo posible. Solo Facebook. Ni Instagram, ni Twitter ni TikTok. Si abriera todos esos perfiles, no podría levantarme del ordenador. Necesitaría una segunda vida». Necesitaría, en concreto, ser un gato. Para algo tienen hasta siete.

Ocho metros cuadrados

> «Los gatos tienen una honestidad emocional fuera de toda duda. Por una u otra razón, las personas tienden a ocultar sus sentimientos. Los gatos siempre se muestran tal y como son.»
>
> Ernest Hemingway

Como buen asturiano fuera de su tierra, intento tener siempre (al menos) un par de botellas de sidra en casa. No soy una persona a la que le guste mucho beber, pero tengo debilidad por la sidra. Y, aunque es cierto que no sabe igual fuera de la tierra, al final de cada verano suelo traerme a Madrid una caja con doce botellas. Como seguramente sepa, la sidra asturiana se escancia –con un brazo extendido hacia arriba se sujeta la botella sobre la cabeza y con el otro se sostiene el vaso en posición oblicua un poco por debajo de la cintura (en realidad, lo mejor es que te escancie alguien que sepa hacerlo)–, así que, para poder beberla en un piso, o tienes una terraza, que no es el caso, o te compras un Isidrín, que es uno de los inventos más importantes de la historia de la humanidad, al nivel de la rueda o de la penicilina: un escanciador eléctrico que se encaja en la botella y que, si está bien diseñado, consigue replicar en un

60-70 % la increíble sensación de beber un culín escanciado por un profesional.

(Pausa: vaya ganas que me están entrando de tomar un culín de sidra).

Guardo las botellas y el Isidrín –que se llama así porque algunos modelos replican la cara de un señor con bigote que realmente tiene cara de llamarse Isidro– en la balda inferior de uno de los armarios de la cocina. Toda mi *asturianía* reducida a una balda.

Un día, al abrir el armario, comprobé que no había ni una sola botella de sidra. No solo eso: el espacio que hasta entonces habían ocupado los míticos vidrios verdes estaba ahora dedicado a decenas de latas de la comida húmeda de Mía y de Atún. También a las bolsas de premios. La vida me estaba proyectando una imagen para demostrarme hasta qué punto mi casa se había transformado en la casa de mis dos gatos.

Por alguna extraña asociación de ideas recordé que, al entrar ese día en el piso, había tenido que apartar con el pie un par de ratones de peluche y dos pelotas de goma. Caminé de nuevo hasta la puerta, dispuesto a recorrer la casa para hacer un inventario de lugares colonizados por los gatos. Paso a describir lo que me encontré.

En la cocina, además del rascador XXL –que inutiliza completamente una ventana para que los niños puedan ver tranquilos la calle y dormir al sol– había:

–Dos comederos normales.

–Un comedero antiestrés.

–Dos bebederos normales.

–Un bebedero inteligente que nos había enviado Petcare.

–Un pequeño tiesto en el que, en su día, hubo hierba gatera y que no sé qué demonios sigue haciendo aquí. (Procedo a retirarlo mientras usted termina de leer esta línea).

–Un ratón al que se da cuerda y comienza a moverse.

–Una, dos, tres y cuatro pelotas de plástico con un cascabel dentro.

–Una pelota de tenis.

–Dos ratones de goma.

–Una figura de tela de un elefante para poner en un dedo.

–Dos pelotas (sí, dos más) de esas que se supone que se mueven solas, pero que no se mueven ni solas ni acompañadas porque los gatos ni las miran.

–Un peluche gris que no sabría decir qué animal es.

–Otro peluche peludo que parece una mopa.

–Un cartón pluma de Mía (de la promoción del primer libro) apoyado en la pared.

–Tres rascadores de cartón.

Entiendo que les parecerá que, además de ser una persona bastante desordenada, tengo muy malcriados a mis gatos. Pues no han visto nada, porque el inventario que acaban de leer se refiere únicamente a la cocina.

Sigamos con el salón:

–Está la primera caja que tuvo Mía, cuando era pequeña, y a la que le hice un agujero para esconderle premios. No la tiro porque, por algún motivo inexplicable, le tengo cariño.

–La última caja que ha llegado a casa –de unas deportivas–, porque es una especie de tradición: cualquier caja nueva se queda unos días.

–Debajo del radiador hay una pluma. Ah, no, perdón. Dos.

–Junto a la maraña de cables de la televisión, están el resto de pelotas y de peluches, porque al parecer hacen tope ahí.

–Bien extendida a los pies de otra ventana hay una manta de ganchillo que le regaló a Mía una lectora (@isaurko por si la quieren buscar en redes sociales).

–Como son dos gatos, le envió también una manta a Atún. En este caso, se encuentra estratégicamente extendida en su sitio favorito del sofá.

No es necesario humillarme de más enumerando todo lo que hay debajo del sofá, ¿no? Sí les diré que acabo de encontrar un rascador que compré para poner en uno de los brazos y evitar que lo rascaran, pero como les hacía más gracia rascarlo en horizontal, ahí se quedó.

Pasen ahora, por favor, al cuarto de baño de los gatos:

–Aquí un arenero.

–Aquí otro.

–Por aquí y por allá arena extendida.

Y llegamos al que un día fue cuarto de invitados y hoy es conocido por todo el mundo como «el cuarto de los gatos».

–Al abrir el armario, lo primero que aparecen son dos sacos de arena. (Tengo que esconderla porque Atún muerde los plásticos).

–También hay dos sacos de comida. (Que tengo que esconder porque una vez Atún logró abrir uno a mordiscos y desparramó la comida por toda la casa).

–Hay juguetes sin abrir. Plumas y pelotas. Pero creo que, visto lo visto, mejor los dejo aquí.

–Hay una mochila para gatos que no uso.

–Y no la uso porque utilizo los dos transportines que descansan en una esquina.

–Están al lado de un juguete interactivo que compré, que parece un Scalextric y que me pega unos sustos de muerte cuando se ponen a jugar a las cuatro de la mañana.

–Hay, también, un soporte con la portada de *En mi casa no entra un gato*, en la que aparece Mía y en el que a Atún le encanta dormir.

A todo esto, le pueden sumar la estantería en la que tengo las cartillas y las historias médicas de Mía y de Atún, junto a las medicinas que estén tomando en ese momento.

Y también las decenas (y decenas y decenas) de libros sobre gatos que han ido entrando en la casa.

Total que, un poco agobiado, quise averiguar cuánto espacio físico estaban ocupando los cachivaches de mis gatos en la casa.

Fui juntándolo todo –extendiendo mantas, recopilando libros– bajo la atenta y sorprendida mirada de mis gatos, que no entendían a qué venía poner un nuevo orden en sus asuntos personales.

Cuando logré juntarlo todo –a excepción de los pelos, que considero ya parte de la casa–, medí el espacio: ocho metros cuadrados. Ocho metros cuadrados de cosas de gatos.

Y eso sin contar a Mía y a Atún que, con sus ocurrencias, sus carreras, sus siestas o sus paseos, llenan de vida toda la casa. Nunca hubiera imaginado que dos seres tan pequeños y peculiares pudieran abarcar tanto. Y no estoy hablando de lo físico.

El gato

Con destello mínimo se acerca
y va la tarde haciéndose ya en él:
cauto, con un reino de bronce en las pupilas,
secreto o casi huyendo, como se nace al andar.
Su condición de sombra de sí mismo
te alumbra si lo miras, te impone su secreto.
Aprende suavemente de su afinada sospecha,
de la gran velocidad que es moverse despacio.
(Se parece al amor).
Anúdate a su tierno hilo de silencio,
elige equivocarte sin cuidado, sin cólera, sin nadie.
A veces lo infinito es una pausa negociada.
El gato y tú. El gato solo.
Y si ahora parpadea, inventa un cielo en ese gesto.
Mirándolo aprendí a saberme
con menos inclemencia.
Y si lentamente sube hasta tus hombros,
quiero estar en esa altura con vosotros.
En esa libertad que yo desconocía
por dentro de mi casa.
Hacerme un corazón y atarlo al que os asoma

sin saber aún cómo,
mientras tú eres su mirar sin decirme nada,
mientras él es mi vejez recreándose en la fuga.

ANTONIO LUCAS
(Del libro *Los desnudos*, publicado por Visor)

Los gatos de Schrödinger

«¿Qué mano inmortal, qué ojo
osó forjar tu terrible simetría?»
WILLIAM BLAKE

Desde hace algunos meses sucede algo extraño en mi habitación.

Resulta que Atún ha aprendido a cerrar la puerta. Pero él no quiere cerrar la puerta –ningún gato quiere cerrar una puerta–. Él, en realidad, lo que quiere es despertarme haciendo ruido. Hasta hace poco se dedicaba a maullar y a darme con la nariz en la cara. Era una estrategia infalible, pero incluso los humanos somos capaces de evolucionar en la defensa de nuestras horas de sueño. A saber por qué, un día me di cuenta de que a Atún no le gusta nada que lo abrace, así que decidí abrazarlo cada vez que venía a despertarme de madrugada. Él salía huyendo despavorido. Y me dejaba dormir tranquilo.

Unas semanas después, descubrió que me podía despertar empujando la puerta hasta cerrarla. En torno a las cinco de la mañana, se colocaba entre la pared y la puerta. Se subía sobre sus patas traseras y, con las delanteras, se apoyaba en la puerta. Su peso hacía el resto. Aporto un dato para dar contexto: se trata de una puerta hecha con policarbonato, por lo que es relativamente sencillo moverla.

Aquí hay dos cosas que me gustaría añadir.

La primera es que, como ya he señalado, Atún tiene fijación por despertarme de madrugada. Le gusta que me levante y vaya hasta la cocina por las noches. No tiene mucha explicación, pero es la verdad. Cuando me despierta, camino hasta allí y él me acompaña maullando. Ya que estoy, bebo un vaso de agua. Él me mira fijamente con una extraña cara de felicidad. Se sube al rascador y se tumba. Es como si verme allí lo dejara tranquilo. Me vuelvo a la cama y ya no viene más a verme hasta que me despierto, esta vez sí, para empezar el día. Sé que suena raro, pero a estas alturas de mi vida no me voy a poner a juzgar las manías de mis gatos, la verdad.

La otra cosa que me gustaría comentar es una de las grandes ventajas de tener gatos. Ya he hablado sobre ello anteriormente, pero me gustaría extenderme un poco: soy una persona supermiedosa. Y las personas supermiedosas tenemos miedo de todo. Principalmente de lo que no existe, que ya se sabe que es lo que más miedo da. Y por supuesto que creemos en los fantasmas. Pero desde que convivo con gatos, los fantasmas han desaparecido de mi casa. Ahora, cuando una puerta se mueve en mitad de la noche o se oye un ruido a altas horas de la madrugada, me importa más bien poco. Ya no hay fantasmas. Mía y Atún los han ahuyentado. Porque en esta casa los únicos que tienen potestad para despertarme y asustarme son ellos.

Aclaradas estas dos cuestiones que dejan en muy buen lugar mi madurez, avanzo con el tema central de este capítulo que, por si no lo recuerdan y aunque parezca curioso, es la física cuántica.

Cuando Atún consigue arrimar la puerta hasta su tope, en el otro lado de la casa sucede una cosa: que a Mía, que estaba tranquilamente durmiendo en cualquier rincón, se le enciende el sensor de aviso de puertas de la casa recién cerradas. Y, claro está, tiene que levantarse e ir hasta allí para comprobar qué demonios está pasando. Cuando llega, se encuentra a Atún dándole con pasión a la puerta con sus zarpas delanteras –he olvidado comentar que, una vez logra mover la puerta, empieza a aporrearla como si fuera un tambor–. Porque, en realidad, lo que Atún quiere es despertarme. ¿Cómo va a querer un gato cerrar una puerta y quedarse dentro? Cuando un gato cierra una puerta, siempre tiene la sensación de que se ha quedado en el lado incorrecto. Pero, claro, él no se da cuenta de eso hasta que la ha cerrado. Y no sabe abrirla.

Y ¿qué hace Mía? Pues intenta abrir la puerta desde su lado. Realmente, para ella es más fácil, ya que únicamente tiene que empujarla, pero Atún está enfrente, haciendo exactamente lo mismo que ella, pero en sentido contrario. Y con dos kilos de ventaja.

Póngase en mi lugar –un poco de empatía–. Son las cuatro de la mañana y, si me incorporo un poco en la cama y miro hacia la izquierda, contemplo una escena incomprensible: mis dos gatos aporreando una puerta. Uno desde dentro. La otra desde fuera. Como el policarbonato es traslúcido, se ven uno al otro. E incluso acompasan los zarpazos. Al ruido de los golpes, se suma el de los maullidos de Atún, que siempre está comentando la jugada.

Una extraña asociación de ideas me llevó a pensar en el gato de Schrödinger, que es una paradoja de la física cuántica. A los dueños de gatos que no somos físicos ni cuánticos nos importa entre poco y nada lo que pensara Erwin Schrödinger, pero el tipo fue lo suficientemente listo como para meter un gato en su idea. Sabía que todo lo que lleva la palabra «gato» llama la atención. Y por eso triunfó tanto, claro. Si lo piensan, cualquier otro animal le hubiera generado, al menos, la incertidumbre sobre si estaban citando su paradoja o si lo estaban insultando: «El perro de Schrödinger» o «El burro de Schrödinger».

Y entonces pensé que no tenía ni idea de qué narices era la paradoja de Schrödinger. Y, más grave aún, de que llevaba años citándola sin saber nada de ella. Así que llamé a Bartolo Luque, profesor de Matemática Aplicada a la Ingeniería Aeroespacial en la Facultad de Ingeniería Aeronáutica de la Universidad Politécnica de Madrid. He aquí una explicación:

«El mensaje último de la cuántica –la parte de la física que estudia el mundo de los átomos, lo microscópico– es que las leyes están hechas de azar. Es decir, que no podemos hacer predicciones. Imaginemos un fenómeno de tipo cuántico que no podemos predecir: hay átomos radiactivos que de forma natural emiten unas partículas que te hacen daño. Pues de esas partículas que se emiten, tú puedes decir que han emitido una radiación, pero no puedes decir cuándo va a salir una partícula de radiación. O sea, no puedes decir: "Ahora va a salir una partícula". No puedes predecir cuándo va a salir la siguiente emisión del material radiactivo. Sí puedes hablar de estadística.

»Ahora vamos a intentar enganchar ese fenómeno que ocurre a nivel microscópico con un fenómeno macroscópico, como puede ser la vida de un gato. Conectamos ese material radiactivo de modo que cuando salga la partícula active un veneno que mata al gato, que está dentro de una caja. Pero nosotros no podemos adivinar nunca cuándo va a salir la partícula y el gato está encerrado en una caja cuyo interior no podemos ver. Lo que te dice la teoría es que hasta que tú no mires dentro de la caja, no vas a poder decir si el gato está vivo o está muerto, porque no puedes predecir si la partícula ha salido emitida o no. Mientras tanto, lo que te dice la cuántica es que el estado del gato es una especie de vivo-muerto que no se acaba de decidir hasta que un observador inteligente abre la caja y mira en su interior».

El final de la conversación con Bartolo es tranquilizador: «Es un experimento mental. No va mucho más allá de las camisetas y de las bromas. Schrödinger quiso hacer una versión cómica, pero no tendría sentido hacer el experimento con un gato».

Me encantaría que el físico austriaco-irlandés pudiera compartir conmigo esos momentos nocturnos que me regalan últimamente Mía y Atún. Dos gatos al mismo tiempo fuera y dentro de la habitación, que están abriendo –una– y cerrando –otro– una puerta. No me digan que no es una forma fantástica de empezar el día: con una paradoja de física cuántica. Siempre supe que estudiar Filología Hispánica sería de gran utilidad.

Manías y agonías

«Hoy, hasta Ratzinger tiene gatos.
Llegará el día en que no haya papas
y seguirá habiendo gatos.»
IÑAKI URIARTE

No sé qué fue primero, si el huevo o la gallina. ¿Era un ser histérico antes de adoptar a mis gatos y precisamente los adopté por eso o me convertí en un maniático cuando aparecieron en mi vida? Es bastante probable que la respuesta sea una mezcla de ambas opciones. Digamos que venía un poco tocado de serie –Bárbara me llama a veces «Woody», en referencia a Woody Allen, y sospecho con conocimiento de causa que no tiene nada que ver ni con mi arte dirigiendo películas ni con las gafas de pasta que no uso–, y que la llegada, primero de Mía y después de Atún, terminó de cincelar mi pedrada mental.

¿Quieren que les diga cuántas veces puedo comprobar que todas las ventanas de la casa están debidamente cerradas, la vitrocerámica bloqueada o la tostadora desenchufada? De esas tres, sospecho que las dos primeras son bastante comunes entre las personas que compartimos nuestra vida

con gatos. La de la tostadora es cosecha propia: nunca he visto a ninguno de mis gatos metiendo en ella la zarpa pero un día, a saber por qué extraña asociación de pensamientos, decidí que aquello era un peligro y comencé de dejarla desenchufada cada vez que salía de casa.

En mi casa de Madrid las ventanas son altas. Van del suelo al techo. Antes de instalar redes, las dejaba en posición batiente. Digamos que la abertura comenzaría a ser accesible para un gato a partir del metro y medio. Pero, honestamente, para lograr salir al balcón Mía y Atún tendrían que ser la versión felina de Nadia Comaneci y no el par de seres torpes con los que convivo. Nunca se han interesado por esa mínima abertura. Jamás los he visto ni tan siquiera estirar la zarpa hacia ella. Y, sin embargo, era incapaz de salir de casa cinco minutos sin cerrarlas.

Cuando tengo invitados en casa y quieren fumar, tienen que salir al balcón. Y entonces quedo como un doble maniático: por no dejar fumar en casa y porque me paso nervioso todo el tiempo que tardan en acabar el cigarrillo. Dedico esos (eternos) minutos (¿o son horas?) a vigilar dónde están los gatos. Y tiemblo cada vez que mis amigos abren la puerta desde fuera, para regresar a casa, pensando en que, bien Mía, bien Atún pueden estar esperando para lanzarse al balcón.

Que ese es otro de mis miedos: si salieran al balcón y, en una concatenación de catastróficas desdichas, se lanzaran al vacío, ¿cómo gestionaría los segundos que pasasen entre que se cayeran a la calle y bajara a rescatarlos? (Seguro que ahora ya están un poco más de acuerdo con lo de Woody). Suena a coña, pero es una escena que he imaginado mil veces. En mi mente –en un mundo ideal, calmado y racional que obviamente no existe– habría justo debajo de mi casa una persona que sabría qué hacer con un gato recién caído desde un piso. Yo le diría a la persona en cuestión que lo guardara, que ahora mismo bajo a por él (no sé por qué me imagino más a Atún en esa situación). Lo recuperaría, le daría las gracias a la persona y volvería a casa aliviado y dándole cariño. La realidad es que es más probable que me despeñara escaleras abajo y que el gato, al verme histérico, se replanteara si realmente le interesaba volver a casa. A lo mejor la gente de la calle le parecía más normal.

Otra obsesión –en esto soy un poco gato– es la puerta de la entrada. Que, por cierto, no entiendo por qué no les obsesiona que esté cerrada, aunque ese es otro debate que no trataremos en este capítulo. Siempre he tenido un trastorno obsesivo compulsivo con eso. Ya saben: «¿Habré cerrado bien la puerta?». Pero no me refiero a haber cerrado la puerta con llave, sino a haber cerrado la puerta. Lo peor es que, cuando vuelvo a subir las escaleras para cerciorarme, me pasa como cuando sacas el móvil para mirar la hora y miras WhatsApp, Instagram, Facebook, Twitter, la aplicación del tiempo, los pasos que llevas dados hoy y, al guardarlo de nuevo en el bolsillo, no tienes ni idea de qué hora es. Pues bien, he llegado a subir hasta cuatro veces a la puerta de casa porque no me fiaba de mí mismo. Aquí mis miedos son más cercanos a la tristeza. Me imagino a Mía, sola por las escaleras, husmeándolo todo, y mi mente empieza a medir las posibilidades que hay de que tire hacia arriba –bien– o hacia abajo –desgracia inminente–, de que se cruce con algún vecino y de que ese vecino sepa que no es una gata callejera y no la saque a la calle. Porque ahí ya me muero de la pena de imaginarme a mi pobre gatita en la calle, sola y desvalida, sin que nadie sepa no ya que tiene un hogar, sino que nunca ha dormido fuera de una casa. Confesión: en todas las reuniones de vecinos hablo de mis gatos para que toda la finca sepa que, si algún día los ven por ahí, son míos.

Una vez, estando en el tren de camino a Córdoba, obligué a Goyo a acercarse hasta mi casa para comprobar que había cerrado bien la puerta. Cuando llegó, me llamó y me dijo: «Sí, sí, estaba cerrada con doble vuelta». Al aclararle que mi miedo era otro, mucho más básico, me despachó con un «Pedrín, tú estás muy mal, ¿eh?». Entiendo que a estas alturas pensarán que lo de Woody se queda corto y es bastante cariñoso.

Pero sigamos con esta autohumillación gratuita a la que me estoy sometiendo.

Porque claro, hasta que llegaron Mía y Atún, a mí me daba absolutamente igual que entraran a robar en mi casa. Al fin y al cabo, lo único que podrían llevarse de valor sería... Acabo de dar una vuelta visual por la casa y creo que lo que más debe de valer es la televisión, que tiene diez años y parece bastante incómoda como para tener que bajar a la carrera cargando con ella o bueno, a lo mejor el colchón nuevo, pero supongo que nadie entra en una casa para llevarse un colchón usado, ¿no? (Por cierto, que cuando lo elegí pensé que era la bomba y luego ¡bah!). Pero mi preocupación principal con un hipotético robo es que dejen la puerta cerrada al salir. Y que traten bien a los gatos, claro.

Supongo que si a estas alturas del libro aún no lo han cerrado para llamar a las autoridades y solicitar que me quiten la custodia de mis gatos, tampoco les extrañará que cada vez que pongo la lavadora me levante a darles un premio para comprobar que no están centrifugándose (y me da igual que jamás, pero JAMÁS, se hayan metido dentro); o que cuando voy de viaje con ellos pare a mitad de camino solo para comprobar que siguen dentro de sus transportines, que todo el mundo sabe lo hábiles que son para abrir primero las jaulas y después las puertas, con el único objetivo de lanzarse en marcha; tampoco que, cuando alguien se queda a dormir en casa, me levante a media noche para comprobar que no han cerrado la puerta del baño en el que tienen su arenero; que, como una vez Vero me dijo que el ibuprofeno era malísimo para los gatos, cada vez que lo tomo me convierta en un policía científico eliminando cualquier posible resto; o, y con esto ya termino, que tenga la manía de no dejar nunca a la vista un cuchillo que corta, no vaya a ser que las peleas entre hermanos se les vayan de las manos.

Mejora eso, Woody Allen.

Hacerse mayor

«–Los gatos no tienen nombre –dijo el gato.
–¿No? –dijo Coraline.
–No –dijo el gato–. Las personas necesitáis tener nombre, pero eso es porque no sabéis quiénes sois. Los gatos sí sabemos quiénes somos.»
NEIL GAIMAN

Cumplí cuarenta años el 19 de agosto de 2021. Aunque es una cifra significativa –ya saben, la crisis de los cuarenta, comprarse una Harley y esas cosas–, no me afectó mucho. Y no lo hizo, básicamente, porque unas tres semanas antes la vida me había dejado claro que no era ningún chaval.

El sábado 31 de julio salíamos de vacaciones para Ribadesella. Dejé todo preparado el viernes por la noche. Comida, premios, juegos, etc. Saqué, como mandan los cánones, los transportines al salón, para que Atún y Mía no entraran en pánico al verlos. Me fui a dormir pensando en que todo sería más o menos normal –un par de bufidos de Mía, la tradicional mirada de Atún–. Puse el despertador a las 7:30 de la mañana. Según mis cálculos, estaría en casa para la hora de comer. (Aclaro que conduzco bastante lento y bastante mal. Ahora no, porque tengo un Seat Altea automático, pero en la época en la que tenía un Corsa de marchas mis amigos me llamaban Revolutionary Road, porque podía perfectamente olvidarme de cambiar de marcha aunque el coche fuera haciendo más ruido que una cafetera hirviendo).

Me desperté con la ilusión que se despierta una persona moderadamente normal en su primer día de vacaciones. Fui bajando la maleta y las bolsas al coche. (Tema para debatir en otro libro: ¿a ustedes también les pasa que cuando hacen la maleta van metiendo cosas y más cosas y, cuando llegan a destino, la selección de ropa no tiene ningún sentido y ni tan siquiera combina? A mí me pasa todos los años). Aproveché para desayunar con calma en un bar. Tenía todo el tiempo del mundo y ninguna prisa. Disfruté de un cruasán a la plancha y un café con leche y volví a casa.

Cuando entré, Mía y Atún ya habían percibido que, una vez bajadas la maleta y las bolsas, era su turno, y decidieron salir corriendo cada uno en un sentido. Como no vivo en el palacio de Buckingham, fue relativamente sencillo dar con ellos. Decidí meter primero a Mía. Tiene un carácter más complicado y se cabrea mucho cada vez que la meto en el transportín. Bufa y hace el sonido ese raro de cabreo máximo que tienen los gatos. He de decir que no fue difícil. Gruñó, pero nada más.

Y luego empezó el drama. Porque Atún decidió que no se metía en el transportín ni de coña. Y empezó a huir de mí. Corría por toda la casa y se escondía debajo del sofá, de las camas, de las mesas... Se ponía en el punto exacto en el que evitaba que pudiera alcanzarlo con las manos. Cada vez que movía el mueble en cuestión, él aprovechaba para salir corriendo otra vez. Los primeros diez minutos fue todo gracioso. De los diez a los veinte comencé a impacientarme y, cuando ya llevábamos media hora, empecé a hablar con Atún, diciéndole cosas del estilo «Pues muy bien, pues nos vamos sin ti, tú verás». O le hacía preguntas en plan: «¿Quieres quedarte todo el verano aquí solo?». Creo que es lo más cerca que, al menos hasta el momento, he estado de ser padre.

Hay que tener en cuenta que era en Madrid, en pleno verano. Yo, corriendo por la casa persiguiendo a Atún. Atún, corriendo rápido como una liebre y demostrando que, aunque es un trozo de pan, no es nada tonto. Hubo un momento que estaba sudando tanto que tuve que encender el aire acondicionado. Podía, perfectamente, sentir las carcajadas de Mía desde su jaula. También sus deseos de que no fuera capaz de atraparlo.

Al final, conseguí cogerlo en un descuido y lo llevé hasta el transportín. Había otro problema: al meter a Mía, me había equivocado y la había introducido en el de mayor tamaño. Me vi en la tesitura de tener que elegir entre soltar a Mía o meter al gato de mayor tamaño en el transportín más pequeño. Pero tenía tal sudada y estaba tan cansado de andar agachándome por la casa que decidí que tampoco pasaba nada porque Atún fuera un poco apretado unas cuantas horas.

Los tapé con sus fundas rosas, que son muy bonitas, pero que también recuerdan un poco a las telas con las que los magos cubren los objetos antes de hacerlos aparecer o desaparecer. A veces pienso que la gente que me ve por la calle debe de dudar entre si soy el dueño de dos gatos o un mago que se lleva los trucos muy bien preparados de casa. Y que trabajo con objetos muy pesados, claro.

Es curioso, pero cuando sales de casa y te llevas a los gatos te importa tres narices haber dejado la puerta bien cerrada o incluso abierta.

Hicimos el viaje con Atún dando su ya tradicional concierto y llegamos a Ribadesella más o menos a las 15:00. En el resto de Europa sería la hora de la merienda, pero en España se puede considerar antes de comer, así que todo iba según lo previsto.

Pero este verano había una diferencia importante. En enero, empecé una reforma del piso. No era una obra ni sencilla ni complicada. Es decir, que se podía hacer perfectamente en siete meses. Pero entre que no estaba allí, que los responsables tenían tropecientas obras más en la zona y que, pese a los consejos de familiares y amigos, todas mis conversaciones poniéndome serio acababan con un «Por favor» o con un «Ya sé que la mía no es la obra más importante que tenéis, pero si pudierais hacer un esfuerzo...», pues digamos que no se sentían muy agobiados.

Porque agobiado me sentí yo cuando, a dos semanas de mis vacaciones, un amigo pasó por allí y me dijo: «Oye, Pedrín, tú no pasas el verano aquí ni de coña, ¿eh?». Entonces sí que me puse serio, llamé a los obreros y les dije que se apañaran como quisieran, pero que yo en dos semanas estaba allí y que necesitaba la casa. Ellos debían de pensar que no era un ser muy completo, porque al final de cada conversación les recordaba que tenían que instalar redes en cada ventana. Me los imaginaba colgando el teléfono y diciendo: «Pedro es muy raro, no tiene ni la cocina ni el baño terminados y solo insiste en las redes de las ventanas».

Por ahorrarles detalles, me instalé en una casa a medio

terminar. Llena de polvo. Sin lavabos, sin nevera, sin lámparas, con el parqué abombado por la humedad –pero abombado de verdad, ¿eh?– y con mi habitación llena de trastos. Pero, eso sí, con unas redes en las ventanas que son MA-RA-VI-LLO-SAS. Es que les juro que pienso en ellas y me olvido de todos los demás pequeños inconvenientes, que en el fondo no son más que problemas del primer mundo.

Les explico cómo son, porque de verdad que al llegar y verlas sentí algo parecido al éxtasis. De mano, estaban instaladas en el límite del alféizar, de tal manera que quedaba espacio para que Atún y Mía se tumbarán en el hueco entre la ventana y la red. Después, se podían subir y bajar a gusto del consumidor. No quitaban nada de luz, no se podían rascar ni morder (Atún es muy aficionado a morder todo lo que aparentemente sea mordible, ya sea una patata, un libro o una pastilla de cianuro). Y, lo más importante: tenían doble seguro. ¡Doble seguro! Si usted es tan histérico como yo, sabrá de lo que hablo. Si no, un poco de empatía, por favor.

Antes de soltarlos, comprobé que todas las redes estuvieran bajadas y activé los seguros. Volví a los transportines y los solté. Mía salió escopetada y se sintió un poco perdida al principio. La cocina ya no estaba donde solía. Tampoco mi habitación. Hizo una rápida ronda de reconocimiento y se metió debajo de la cama. El pobre Atún no se atrevía a salir. A lo mejor estaba pensando que en el fondo no hubiera sido tan mal plan quedarse solo en verano en Madrid. Cuando por fin se lanzó, fue directo a meterse debajo de la cama. Se pasó allí todo el día.

La situación se normalizó al día siguiente y ya eran los mismos de siempre. Con una diferencia: por primera vez en su vida podían asomarse a todas las ventanas de la casa y tumbarse al sol (bueno, al sol tampoco mucho, que estamos en Asturias). Y con otra diferencia importante: la tranquilidad que sentía de poder tener las ventanas abiertas y, por ejemplo, dormir la siesta sin preocupación.

Estaba tan contento que, a todos los que me llamaban, les hacía un resumen por encima de las cosas que faltaban y pasaba inmediatamente a resaltar lo felices que estábamos los tres con nuestras nuevas redes. Que si los gatos se pasaban el día entero asomados y tumbados, que si podía despreocuparme y estar a otras cosas. Que si qué bien ventilaba la casa. Cuando llamaba a los obreros, les iba dando detalles de las cosas que había que hacer o rematar y siempre terminaba igual la conversación: «Oye, estas redes son la bomba. ¡Muchas gracias!». (A ver, que en realidad en lugar de «bomba» decía un taco, pero esto es un libro serio).

Hago una aclaración: no dejaba las ventanas abiertas cuando salía de casa. Una cosa es que tengan doble sistema de seguro y otra muy distinta es pasar de agonías a temerario.

Total, que pasamos un verano fantástico. Lleno de cables y agujeros en las paredes, pero con redes en las ventanas.

Cuando los veía durmiendo tumbados en el alféizar, cada uno en su ventana –porque Atún se quedó con la de la derecha y Mía con la de la izquierda del salón– sonreía. Cuando los veía siguiendo con la mirada el vuelo de las gaviotas, sonreía. Y cuando se juntaban para cotillear lo que pasaba en la calle, sonreía más.

De vuelta a Madrid, les costó adaptarse más que otros años. Mía tenía una cara de bajón fina. Y Atún miraba las ventanas sin entender por qué no se podía pasar al otro lado.

Después de muchos años, decidí instalar redes en mis balcones de Madrid. Son balcones antiguos, de esos con contraventana que no tienen un techo por arriba al que sujetar una red. La obra ha sido un poco aparatosa y costosa. Pero, si me preguntaran qué es la tranquilidad, podría ser la imagen de mis gatos contentos, tumbados al sol. Esa sensación de paz –y el hecho de que entre aire en la casa– no tiene precio.

Creo que me he hecho mayor.

La Navidad en la que solo pedía un embudo

«Gato escaldado del agua fría huye.»
DICHO POPULAR

Un embudo. Eso era lo único que le pedía a las Navidades de 2021. Así se lo dije a mi amigo Luis una tarde de diciembre en el coche, cuando íbamos de camino al periódico.

–¿Qué pides a los Reyes? –me preguntó.

–Un embudo –contesté.

–Pero ¿cómo un embudo? –replicó con gesto de incomprensión.

–Sí, sí, un embudo –dije y dibujé su forma con las manos. (Espero haberlo hecho cuando estábamos parados en un semáforo, porque conducía yo).

–Pero ¿qué tipo de ilusión es un embudo? –inquirió rozando lo filosófico.

–Pues la mía para este año –contesté.

–Ay, hijo, pues no te preocupes, que te lo pongo yo de regalo –dijo antes de pasar a otro tema.

Era verdad. Las Navidades de 2021 –las primeras sin mi madre– me aterraban tanto que decidí focalizar mi ilusión en un embudo. Lo necesitaba, ¿eh? No lo pedía por pedir. Pero también estaba poniéndole nombre –un nombre peculiar, eso sí– a la situación que atravesaba. Hacía ya cinco años que convivía con gatos. Primero con Mía. Después llegó Atún. Y en los últimos meses me había ido dando cuenta de cómo los utilizaba para excusar o enmascarar algunos de mis miedos.

El 14 de septiembre de 2016 –apenas tres meses después de la llegada de Mía– se publicó en *EL PAÍS* la primera crónica sobre las vicisitudes de nuestra convivencia felina. Ese mismo día, en los comentarios de la noticia, un lector dejó el enlace a un artículo de *The New York Times* titulado «Un hombre y su gato». Su autor, Tim Kreider, había convivido durante 19 años con una gata. En su momento, aquel texto me hizo pensar en que si todo iba bien –qué irónico– Mía se moriría antes que yo. En la familia siempre hemos sido bastante agoreros con la muerte. Me dio pena ser consciente de ello tan pronto. La pobre no tenía ni cinco meses y a mí ya me agobiaba el momento del adiós. En estos años muchos lectores han compartido conmigo las despedidas de sus gatos. Resulta dolorosamente sencillo ponerse en su lugar.

Al final, y aunque solo sea por una cuestión de practicidad y de seguir con la vida, uno tiende a pensar en que hay que disfrutar del presente y dejarse de monsergas. Y eso he hecho, con matices, durante todos estos años. Afortunadamente.

Pero después de la muerte de mi madre, regresé al texto de Kreider y centré la atención en otros párrafos. En concreto, en los que hablaban de cómo algunas personas tienen una «cierta reserva de afecto que necesitan expresar y, en ausencia de un objeto más apropiado (un niño o un amante, un padre o un amigo), prodigarán esa misma devoción (...) a una cacatúa (...) o incluso a algo neurológicamente incapaz de corresponder a esa emoción, como una planta de aloe". Y añadía una referencia al libro *Sobre la Agresión,* de Konrad Lorenz, en el que describe cómo «en ausencia del estímulo desencadenante apropiado para un instinto, el umbral del estímulo para ese instinto se reduce gradualmente; por ejemplo, una paloma macho privada de palomas hembra intentará iniciar el apareamiento con una paloma disecada».

Soy un ser moderadamente afectuoso. No me cuesta dar cariño, decir palabras agradables o expresar mis sentimientos. Pero durante años estuve escondiendo algunos de mis miedos y debilidades detrás de una preocupación excesiva por Mía y Atún. Los gatos eran una excusa perfecta para no enfrentarme a algunos de los asuntos que debía afrontar. Y eran, también, una palanca maravillosa para impulsar mis manías. De alguna forma, las justificaban. Pensaba que eran una explicación para las personas que me conocen. Pero no, en realidad eran una justificación ante mí mismo.

Unos días antes de aquella conversación en el coche con Luis habían intentado entrar a robar en el quinto piso de mi edificio. Fue un intento un poco chusco –intentaron agujerear la puerta– pero suficiente para que mi mente hiciera clic y se encendieran todas las alarmas. Estaba a punto de irme dos semanas de vacaciones. Dos semanas en las que Paula y Cristina se quedarían en casa pero pasarían varios días fuera. ¿Qué podía hacer yo? Entrar en pánico, obviamente.

Llamé a una empresa de seguridad para que vinieran a verme y me dieran un presupuesto para instalar un sistema de protección en la casa. Les expliqué lo que había pasado y me dijeron que no me preocupara, que al día siguiente se desplazaban para hacerme una visita. Efectivamente, al día siguiente, a la hora convenida, llamaron a mi puerta dos amables señoras debidamente uniformadas. Las invité a pasar, pero una de ellas me preguntó dónde había sido el intento de robo y se fue escaleras arriba. Iluso, pensé: «Qué profesionalidad, se va a mirar las marcas de la puerta». Pero no, se iba a llamar a otros vecinos, para ofrecerles los servicios de la empresa.

La señora que se quedó conmigo hizo un ejercicio de *marketing* casi perfecto. No coló, pero lo intentó. Para empezar, al ver que tenía las llaves puestas en la cerradura (por dentro, se entiende) me puso cara de «Ay, jovenzuelo, no tienes ni idea», las retiró y me dijo secamente: «Esto, fatal». Después, me preguntó por todas las ventanas. Vio pasar a los gatos y me dijo que tranquilo, que sus sistemas estaban perfectamente preparados para no confundir a Mía y a Atún con un ladrón. Sacó un papel y empezó a escribir números. Por 850 euros me dejaba todo instalado.

Decliné amablemente la oferta explicándole que, como

ya había dicho por teléfono en mi primer contacto, únicamente quería tener un presupuesto. Y ahí salió la comercial que aquella señora llevaba dentro. «Mira, voy a intentar llamar a mi jefe, para ver si te podemos meter en el cupo de ofertas para hoy», me soltó. Y yo: «A ver, se lo agradezco mucho, pero no lo voy a contratar». Ya era tarde, porque había marcado el teléfono y su jefe estaba al otro lado de la línea. No debía ser un jefe muy directo, porque tuvo que darle un montón de datos para que la reconociera. Empezó entonces una coreografía perfectamente ensayada, en la que todo estaba preparado. Incluso el volumen del teléfono para que pudiera oír la conversación completa.

–Hola, jefe, soy XXXXX, de XXXXX, del departamento XXXX... Estoy aquí en Cascorro, que ha habido un intento de robo... –explicó ella.

–¿Otra vez en Cascorro? Eso ya no es casualidad, ¿eh? –contestó él en un mensaje que, en realidad, iba para mí.

–Sí... ya ves. Me preguntaba si podemos meterlo en el cupo de hoy. Aunque ya sé que está cubierto, pero por si podías hacerme ese favor –continuó.

–Buf, está complicado, pero venga, por ser tú, hago una excepción –dijo magnánimamente.

–Gracias, jefe. Te debo una –cerró ella.

Colgó, me miró y me dijo que me lo dejaba a la mitad.

Le contesté, de nuevo, que era muy amable, pero que no tenía intención alguna de contratar nada en ese momento.

Descolgó de nuevo el teléfono, volvió a hablar con su jefe, colgó y volvió a dirigirse a mí.

–Me dice mi jefe que si me voy de aquí dejándolo instalado se te queda en 149 euros.

Volví a agradecerle su generosidad, y le recordé lo que le había dicho al principio. Ella me miraba con cara de incredulidad. Más allá del sospechoso descuento de 700 euros por el mero hecho de decir que no, mi mente estaba ya volando hacia las consecuencias funestas de los miedos irracionales.

Y en ese momento, algo hizo clic. En ese momento después de estar yendo a un (buen) psiquiatra una vez por semana desde hace cinco años, claro. Empecé a ir por problemas con la ansiedad y, una vez superados, me quedé para conocerme mejor y entenderme. Ya que estaba...

El momento en el que rechacé definitivamente la oferta fue como si se destapara algo en mí. Como si se activara un mecanismo escondido. Me pasé varios días llorando sin motivo aparente, aunque había muchos motivos. Y me hizo ilusión llorar. Sé que puede sonar extraño pero no lo había logrado desde la muerte de mi madre. A veces, soñaba que lloraba. Luego me despertaba y mis ojos estaban secos. Y me frustraba. Quería llorar. Y no podía. Ahora sí. Lo estaba logrando.

Me di cuenta de que llevaba años proyectando mis temores en los gatos –que ojo, no estoy diciendo que tengan ellos ninguna culpa, pobrecitos míos–. Que las ventanas de mi casa estaban cerradas a cal y canto. Que muchas veces rechazaba planes con la excusa de que no pasaran más de un día solos. Que en ocasiones regresaba antes a casa pensando en la cantidad de horas que llevaban sin verme. Que veía peligros potenciales en casi cada rincón de la casa. En el fondo, todo era una estrategia para no detenerme a hablar conmigo mismo. Mejor dicho: para no escucharme a mí mismo.

Con ese panorama –desnudo ante el espejo– me planté

en Oviedo en Navidad. En una casa prácticamente vacía, que parecía Ikea –solo había camas, sofás y sillas– y huérfano.

Y, sin embargo, fueron unas Navidades maravillosas. Ayudó que tengo dos hermanos excepcionalmente buenos, generosos y cariñosos. Que dispongo de un buen puñado de amigos que me hubieran sentado a su mesa en Nochebuena. Y que compartí aquellos 15 temidos días de Navidad con Bea, con quien, de manera conjunta, construimos una sensación que se debe de parecer bastante a la felicidad.

No es que no echara de menos a Mía y a Atún –siempre que estoy lejos me acuerdo de ellos–, pero sí que lo hacía de una forma más sana. Sabía que estaban bien atendidos y que tampoco pasa nada porque estén un par de noches solos.

Los miedos no se fueron así de golpe. Requirieron varios años de trabajo y de honestidad.

A veces vuelven. Seguramente aparecerán otros. Pero ya no les tengo miedo.

Porque a ver quién es el listo que les cierra ahora la ventana a Mía y a Atún, una vez que han comprobado lo bien que se vive al sol, observando la vida en directo desde su balcón favorito.

P. S.: Por si les interesa, los Reyes no me dejaron el embudo en casa de Luis. Y miren que realmente lo necesitaba...

Días para ser gato (y IV): Mía ondea la bandera blanca

«Los gatos nunca dicen tonterías.
No es poca cosa.»
EDITH SITWELL

Superada la *cincuentena*, parecía que Mía y Atún empezaban a aceptar la presencia continua de un humano en la casa. Sospecho que pasaron a considerarme un elemento más de sus dominios. Un mueble que se movía. Quizá por eso Atún se apoyaba sin miramientos sobre mi barriga cuando le daba por echar carreras, recordándome con cada salto que hacía demasiado tiempo que no le cortaba las uñas.

Al principio del confinamiento, a Mía parecía no hacerle mucha gracia la nueva situación. Cada mañana se colocaba en la puerta de casa alternando una mirada melancólica entre la manilla y su dueño. Miraba la manilla, me miraba a mí. Miraba de nuevo la manilla, me volvía a mirar a mí. Cuando salía a hacer la compra, podía percibir en su mirada la ilusión de la vuelta a la rutina. Al regresar, apenas pasada media hora, su expresión cambiaba. Dicen que los animales no tienen noción del tiempo que pasa cuando su dueño está fuera. Desconozco si es así. Lo que sí puedo asegurar es que, sea lo que sea lo que hacen los gatos cuando están solos en casa, es lo suficientemente divertido como para que, si pasas mucho tiempo en casa, cualquier salida les parezca poco.

Seis semanas después, las cosas cambiaron. A los gatos les encanta la rutina, y parecía ser que habíamos logrado alcanzar una. Es decir, que íbamos por delante, porque ya estábamos, de alguna manera, en una «nueva normalidad»; esa expresión que tanto hemos oído y a la que tanto miedo tenemos todos. El problema era que, con un poco de suerte, esa nueva normalidad gatuna se quedaría vieja en unas semanas, y Mía y Atún tendrían que volver a buscar su propia rutina.

En el tiempo de confinamiento, la vida en casa comenzaba temprano. Era Atún el que tocaba diana cada mañana. Debió de perder el reloj, porque antes me despertaba con una precisión quirúrgica a las 7:25 y, durante la cuarentena, cada día era una nueva aventura. Nueva y más madrugadora: al pequeño demonio de Tasmania no se le ocurría nunca dejarme cinco minutos más, no. Cada día me despertaba un poco antes.

Por las mañanas, mientras trabajaba, los dos dormían en las plataformas del rascador. Atún lo hacía en el piso superior y Mía en el que está debajo. El que se despertaba primero se encargaba de hacérselo saber al otro a base de suaves zarpazos. Cuando se aburrían, Atún venía a trabajar conmigo y Mía aprovechaba para descansar, desapareciendo hasta después de comer. Atún vigilaba con gran profesionalidad todo el proceso de preparación del menú. Intentaba cinco o seis veces llevarse un poco de patata, una tira de pimiento o un mordisco del pescado (no había comido tan sano desde que me fui de casa de mis padres). Cuando comprobaba que el robo de comida aún no formaba parte de la nueva normalidad, se desplazaba a la mesa y me esperaba allí tumbado, como si me quisiera hacer creer que era un gato distinto y que no iba a intentar en ningún momento birlar algo del plato. No, qué va. Después, me echaba un rato en el sofá. Y allá venía Atún conmigo. Es un poco un gato-lapa. Es tan cariñoso que es complicado echarle la bronca por algo. Y les aseguro que todos los días la lía al menos en dos o tres ocasiones.

A media tarde volvía a aparecer Mía. Hasta ese momento, aplicaba una especie de confinamiento dentro del confinamiento, cobijándose en un cajón del baño y durmiendo la siesta entre toallas. Accede a su interior utilizando un truco que Atún, para su desesperación, todavía no ha sido capaz de descubrir. Lo comparto con ustedes por si algún día vienen a casa y les apetece utilizarlo: hay un acceso por la parte posterior.

Y era entonces cuando regresaba la Mía que conocía antes de la llegada a casa de Atún. Avanzado el confinamiento, volvió a restregar su cara contra mí y a reclamar caricias de formar regular. Incluso a amasarme la barriga con esa mirada que ponen ellos y con la que no se sabe si están alcanzando el nirvana o si es que se están quedando dormidos. También empezó a jugar con Atún de una forma más equilibrada. Hasta entonces, era el pequeño el que se pasaba todo el rato detrás de ella y casi sin dejarla respirar. Comenzaron a perseguirse por turnos –tal vez fuera que por fin habían entendido cómo funciona el juego–, y la culpa en el inicio de las broncas estaba más repartida.

A las ocho menos cinco empezaban a rondar la ventana, esperando el aplauso. Mientras salía al balcón (les recuerdo que era muy estricto con el tema ventanas y que no los dejo salir), los dos se quedaban mirándome a través del cristal, con los ojos abiertos como platos y las orejas totalmente estiradas. Después, Atún solía quedarse un rato más, mirando y maullando a los vecinos. Mía se ponía a controlar que no me saltara ninguna de las repeticiones del ejercicio diario.

Cenábamos juntos (ellos en sus comederos y yo en la mesa, se entiende) y, después, cada uno se ponía en un lado del sofá. Mía tuvo que cederle a Atún su sitio favorito, pero logró amoldar el nuevo emplazamiento a su gusto. (Veremos lo que tarda en pedírselo Atún). A veces, incluso, dormían juntos y se aseaban el uno al otro.

Creo que Mía, que es muy suya y muy práctica, se dio cuenta durante el confinamiento de que no podía transformar a los dos simples con los que comparte piso y decidió unirse a nosotros. No llegó a perder en ningún momento el decoro ni la altivez, pero optó por ver las ventajas de la situación. Como si hubiera decidido, por fin, ondear la bandera blanca.

Cualquiera le decía que estaba deseando salir de casa.

P. S.: Escribiendo este capítulo, me he acordado de *Bandera blanca,* la canción de Franco Battiato. Por si quieren escucharla.

«Yo de mayor quiero ser gato»

«Los únicos que nunca hemos hecho
el imbécil en el circo ¡somos los gatos!»
GARFIELD

«¿Cómo están los niños?», me preguntaba mi madre cada noche cuando hablábamos por teléfono. Se refería a los gatos. Era una persona muy pragmática, así que, tras el susto inicial por la adopción de Mía y el subsiguiente cuando llegó Atún, decidió adoptarlos mentalmente, dando por hecho que su hijo pequeño jamás volvería a tener novia y que, bueno, pensándolo bien, tampoco estaba tan mal la cosa. «Peor hubiera sido, hijo, que te hubiera dado por las drogas», decía. Visto así...

Mía y ella convivieron durante varias semanas, lo cual dio lugar a escenas hilarantes. Como el día en que mi madre volvió de la peluquería y Mía se obsesionó con su pelo recién arreglado e intentaba tocárselo mientras dormía la siesta. No llegó a conocer a Atún (¿aquí debería decir «No llegó a conocer en persona a Atún» o «No llegó a conocer en gato a Atún»?), aunque le hacían mucha gracia las historias que le contaba de él.

Me enviaba todas las fotos y todos los vídeos de gatos que encontraba.

En los últimos años de su enfermedad, decidí no llevar a Mía y a Atún a Oviedo. Le insistí en que la animarían, aunque solo fuera por la lata que daban, pero ella no estaba ya para muchos incordios.

Disfrutó enormemente de su protagonismo en *En mi casa no entra un gato*. En las presentaciones del libro, se sentaba a firmar ejemplares como si lo hubiera escrito ella.

Durante la semana antes de irse, pasamos horas conversando. Hablamos mucho de la vida. Y también de los gatos. Que es una forma como cualquier otra de hablar de la vida.

Aquí va la charla que mantuvimos en la noche del 26 de febrero.

¿Qué fue lo primero que pensaste cuando te dije que iba a adoptar una gata?
No me lo podía creer. Pensaba que no ibas a poder con ella.

¿Por qué?
Porque nunca te había visto aficionado a los animales ni a hacerte cargo de nada que coartarse tu libertad. Y una mascota es una responsabilidad.

¿De pequeña habías tenido gatos?
No. En mi casa, que era una casa grande de pueblo, había gatos, pero estaban en el patio. No eran de nadie. Eran nuestros y no eran nuestros. Eran de la Comunidad Económica Europea. Les ponías el plato con la comidita y de repente

aparecían, de repente se iban. Un día aparecía una nueva camada... Hacían su vida.

¿Qué animales tenías en la granja?
Uy, un montón. Teníamos una burra que se llamaba Milana. Teníamos caballos, mulas, mulas machos -ahora mismo no te sabría explicar el proceso biológico- vacas, cerdos, conejos, gallinas...

¿Y perro?
No, mi padre fue cazador durante algún tiempo y tuvo un galgo, pero luego dejó la caza.

Hasta la llegada de Mía, en casa nunca habíamos sido muy de animales...
Animales, nosotros.

Pero tuvimos tortugas, peces...
Las tortugas lo manchaban todo. Los canarios ni te cuento, la porquería que organizaban... Y además había que ponerles un trapo en la jaula por la mañana porque empezaban a cantar a las cinco y nos hacían la Pascua Florida. Los peces no me molestaban tanto.

¿Te acuerdas del pato?
¡Sí, claro! Que luego se lo llevó alguien a una granja.

Pero ¡si me dijisteis que se lo había comido un gato!
Ay, yo qué sé... ya han pasado muchos años.

Hombre, pues me podríais haber dicho eso, que me hubiera quedado más tranquilo.
Bueno, te lo digo ahora, ¿no te vale?

¿Te acuerdas de la primera vez que vino Mía a casa?
Me pareció muy bonita. Pero gata.

¿Qué quiere decir eso?
Felina.

¿Qué quiere decir eso?
Bruja. Poco cariñosa. Yo he visto gatos que se suben al cuello de los dueños, pero esta es un poco hosca.

Conmigo es cariñosa.
Nunca la he visto yo en esos trámites. Seamos realistas. Los gatos no son cariñosos.

Pues Atún es muy cariñoso.
No tengo el gusto... Pero a ti te tienen comida la moral, porque les das golosinas para comer. Ellos saben que, si se ponen a tu lado, algo cae.

Es decir, que me están utilizando.
Vamos hombre, ¿te crees que son tontos? Tú verás.

Cuando venía Mía en vacaciones, ¿te daba mucho la lata?
Bueno, ella no. La dabas tú. Porque aquí todo giraba en torno a la nena. Que si las ventanas, que si las puertas, que cuidado con la vitrocerámica... y luego, cuando me levanta-

ba por la noche al baño y veía aquellos ojos, me daba hasta miedo.

Un animal en una casa es una responsabilidad.

Ahora en la familia hay dos gatos y dos perros, ¿te lo podías imaginar?
¡Más que nietos! No lo hubiera imaginado jamás.

De los cuatro ¿cuál es tu preferido?
Mi preferido creo que es Atún, porque no lo conozco.

¿Qué pensaste cuando te dije que iba a adoptar a otro gato?
Que estabas *chotado* de la cabeza y que te habían colocado un chollo.

¿Te gusta Atún?
Sí, es muy bonito. Es de mejor raza. A lo mejor se escapó del Palacio Real. Mía tiene el pelo más alborotado, el otro lo tiene como más pegado al cuerpo, más alisado. Creo que es más noblote, aunque como no lo conozco, todavía no le he hecho el organigrama.

¿Qué opinas de mi relación con los gatos?
Pues fíjate, cuando estás en Madrid y estás solo, me quedo más tranquila porque estás con los gatos y sé que te hacen mucha compañía. Y sé que estás más feliz.

¿Ves de manera diferente a los gatos?
Completamente. Antes pasaba de ellos olímpicamente y ahora me gusta ver las fotos y los vídeos. Todos los días en-

tro en Instagram para verlos. Qué gestos, qué cara de pillos tienen... Me encanta cuando se meten en las cajas.

¿Y si adopto un tercero?
Ni se te ocurra. Sería de locos. Acuérdate de lo que te dijo Ángeles Caso.

¿Qué me dijo?
«Pedro, no se te ocurra casarte, porque si eres así de histérico con un gato, ¿cómo serás con un hijo?». Pero con tu madre no eres así de histérico, ¿eh? Lo digo en broma...

¿Te gustó *En mi casa no entra un gato*?
Me encantó. Del principio al final.

¿Cómo fue el día que perdisteis a Mía?
Pues creo que fue el peor rato que he pasado en mi vida. No sabía si ir a la Seguridad Social o a la privada, creía que me daba algo. Si llegas a aparecer y tenemos que decirte que la gata se había perdido... Menos mal que Rosa tuvo una paciencia... Estuvo media hora llamándola. Nosotras buscándola por todos lados. En las escaleras, en la calle, debajo de los coches. Y ella estaba tan tranquila, metida en un armario, tan ancha... ¡No pidió ni perdón! Yo la hubiera matado. Qué tía.

No me lo recuerdes, de verdad. Yo solamente decía «Me va a dar algo, me va a dar algo», y mis hermanas y Rosa contemplándome. Porque claro, la responsable era yo. Y tu tía Chelo diciendo que era culpa suya, que había dejado un minuto abierta la puerta. Luego fuimos a comer y cuando vi que habías terminado, te lo conté. Te quedaste blanco.

¿Crees que mimo mucho a los gatos?

Haces bien. Contémplalos todo lo que puedas. Dan mejor resultado que una pareja. Además no suspenden, no piden dinero, no riñen, no salen por la noche... Nada, nada, son todo ventajas.

¿Ha cambiado tu concepción de los gatos?

Mucho. Ahora me fijo mucho en las personas que tienen gato, que son muchas más de las que yo creía. Te enseñan las fotos como si fueran las de un nieto. Enseguida que me llega un vídeo de gatos, te lo mando. Me los mandan a mí, porque saben que soy aficionada. Hay una vecina que saca al gato a la calle con una correa. Una chica muy seria. No es ninguna locatis, ¿eh?

¿Quién crees que es más famoso, Mía o Atún?

Creo que Mía, porque la que llega primero da dos veces.

¿Los sigues a diario en sus redes?

Sí, pero tienes que ponerle un correo a la gente de Facebook, porque hay días que me aparecen y otros que no. ¿Qué tengo que hacer para apuntarme a Instagram? ¿Tengo que abrir cuenta? Pero tampoco quiero estar todo el día como esas que están «Mira qué merluza hemos comido hoy», «He ido a no sé dónde con no sé quién», esas personas que tienen su vida en Instagram. Mira que a mí Facebook me está preguntando todo el día «En qué estás pensando». El que quiera saber, que vaya a Salamanca. Además que yo no tengo nada que contar...

¿Por qué dices siempre que de mayor quieres ser gato?
Porque son muy listos. Y viven muy bien. Fíjate en Mía y en Atún. No les falta de nada. Los quieres más que a tu madre...

Eso no es así...
Ya, hombre, lo digo para picarte. Pero no me interrumpas. Los gatos son muy inteligentes. Se las apañan para tener todas las necesidades cubiertas. Tienen comida, juguetes, cariño –cuando lo quieren, claro–; duermen catorce horas al día; no tienen que hacer recados, ni tareas, ni la cama cada día; hacen lo que les da la gana cuando les da la gana; les importa un comino que les riñas porque les entra por un oído y les sale por el otro. Están bien cuidados y bien atendidos. Y no tienen que pensar mucho. Me reafirmo: yo, de mayor, quiero ser gato.

En realidad, siempre has sido un poco gato.
Ni confirmo ni desmiento.

–¿Cómo estás, yayita?
–Bien, ¿o te cuento?

«Mi cuerpo será camino,
le daré verde a los pinos
y amarillo a la genista...»
JOAN MANUEL SERRAT

En esa respuesta irónica, inmediata y certera que mi madre ofrecía al empezar cualquier conversación se destila la esencia de lo que fue. Una mujer rápida, ilustrada y con una peculiar filosofía de vida que mezclaba toques de estoicismo y nihilismo con una forma de ser que unía la sobriedad castellana y la retranca asturiana.

Nacida en San Miguel del Valle (Zamora), en 1940, vivió su infancia y juventud en Fuentes de Ropel. De allí salió, primero, interna para León. Después, en 1959, llegó a Oviedo para estudiar Filosofía y Letras. Era la tercera de seis hermanos. Tanto ella como sus cuatro hermanas y su único hermano tuvieron acceso a estudios universitarios. Conoció a mi padre en el 61 en unos juegos universitarios celebrados en Madrid –ella jugaba al voleibol– y se casaron en el 65.

En sus más de sesenta años en Oviedo, se convirtió en un

personaje del día a día. Tenía una muy buena conversación. Y solía ser ella la que decía la última palabra.

Sus desventuras con Mía levantaron pasiones entre los lectores de la primera entrega del libro, hasta el punto de convertir a la abuela de Mía y Atún en un personaje central de esta historia. (Relegándome a mí a la cuarta posición, por cierto).

Aquí va una pequeña semblanza a partir de algunas de sus mejores frases y ocurrencias.

Aunque ni lo confirmara ni lo desmintiera, era bastante gata. Se lo digo yo.

«Si Oviedo no tuviera cuestas, sería el paraíso en la tierra.»
Desde su llegada a la ciudad, se convirtió en una ovetense más. Fue tejiendo una ecléctica red de amistades –de todas las edades, profesiones e ideologías– con las que departía cuando se cruzaba con ellas por la calle. Frecuentaba al menos cinco cafés diferentes. Se sabía dónde localizarla dependiendo del día y la hora. Fumadora durante algunos años, apenas bebía. En los últimos meses, le dio por tomar clara con limón. «Es probable que ahora me vuelva alcohólica», decía.

Ni monarquía ni república, *frixuelos*
Era muy independiente para todo. Conservadora en lo político –fue una fiel votante del PP– y muy (pero muy) progresista en lo social. Estaba a favor de la eutanasia –su principal preocupación era no sufrir– y de la legalización de las drogas. Muy alejada de populismos y de los charlatanes que aseguran tener la solución para todo. Cuando veía algún po-

lítico usando la brocha gorda, le decía a la tele: «¿Qué sabrá un *gochu* cuándo es martes?». La pasada Nochevieja, le preguntamos qué modelo de Estado prefería, una monarquía o una república. «¿Yo? *Frixuelos*», contestó.

«Si tienes tiempo, no lo leas.»

Lectora diaria y con mucho criterio. En los últimos meses, a pesar de su situación, se leyó los últimos libros de Elvira Lindo y de Almudena Grandes. Cuando ya no pudo más, dejó a la mitad la biografía de Juan Belmonte escrita por Chaves Nogales. Su crítica más célebre fue cuando alguien le preguntó por el último libro de un autor superventas y ella contestó con un «Si tienes tiempo, no lo leas». Un día, una nieta le dijo que había visto *Los santos inocentes* y que le había encantado. «Pues cuando leas el libro, lo flipas», le contestó. Suscriptora del periódico local, cada mañana se reservaba un rato para leerlo y escuchaba cinco o seis emisoras de radio diferentes, con clara preferencia por Radio Nacional de España. Le apasionaban los concursos culturales de la televisión. Es probable que sea la segunda persona que más programas de *Saber y ganar* haya visto, después del presentador Jordi Hurtado. Si la llamabas durante el rosco de *Pasapalabra*, te colgaba el teléfono. Coleccionaba, por cierto, esquelas singulares.

Rosa para niños, azul para niñas

Cuando vivía en la calle Hermanos Pidal y la calle aún daba a un descampado, bajaba con la silla de plástico, junto con otras mujeres, a cuidar de los niños. Allí, las más mayores enseñaban a las más jóvenes a tejer. Decenas de recién nacidos lucieron chaquetas, gorros, bodis o jerséis que ella había tejido. Fue pionera en no asignar colores por sexo. Ni el rosa era solo para niñas, ni el azul únicamente para niños. Jugaba con los verdes, los grises... «No alcanzaba la perfección, pero sí que las hacía con mucho gusto», decía ella. Dejó preparada la última de sus creaciones para Clara. Tenía mucho estilo para vestir. Se despidió con unos playeros plateados.

«Jesucristo, el primer *influencer.*»

Católica practicante, iba a misa todos los domingos. Decía que Bill Gates y Jeff Bezos habían empezado en un garaje –«Y seguro que eran más felices entonces», añadía–, pero que Jesucristo lo hizo todo desde un pesebre y que eso tenía más mérito, que solo hacía falta ir a Roma para comprobarlo. Era tronchante escucharla analizar la Biblia: «¿Cómo voy a creerme yo que Jesús se muere, levanta la lápida y revive, o que la Virgen tuvo un niño por arte de birlibirloque? Eso ni metáforas ni nada», decía.

«¿Cómo quedó el Oviedo?»

Era de los equipos de Oviedo por extensión familiar. Pertenecía a esa estirpe de señoras que preguntaban el resultado del partido a la gente que bajaba del estadio Carlos Tartiere con bufanda. Cuando lo escuchaba en casa por la radio y atacaba el rival, bajaba el volumen. Si estaba paseando, entraba en los bares a preguntar cómo iban. Tras el último ascenso, puso en el balcón una bandera y se asomó a esperar el autobús del equipo, aunque no pasaba por su calle. Nosotros nos enteramos porque una vecina del edificio de enfrente nos envió la foto. Fue muy feliz siguiendo al Cibeles –del que mi padre era directivo– hasta la victoria en la Copa del Rey de *hockey* sobre patines, en Salamanca, en el año 1980.

«No juguéis al euromillón.»
Fue una gran cocinera. Cuidaba mucho los menús en casa. Los dos platos y la fruta de postre fueron innegociables durante décadas. También llegar a comer a las 14:30. Los martes y los viernes, pescado. Y verduras. Y legumbres. «No juguéis al euromillón, que ya me tocó a mí tres veces», solía decir en relación con la vida sana que llevaba y los tres cánceres distintos que había sufrido. En los últimos meses, se movía en silla de ruedas. Un día, en plena pandemia, tuvo que ir a hacer unas gestiones al banco. Para que no tuviera que entrar, las empleadas le sacaron los papeles a la puerta. Mientras los firmaba, pasó un conocido y le dijo: «Yayita, ¿tienes trato vip?». Ella contestó: «Sí, pero es solo para los que tenemos más de cuatro millones en la cuenta».

«La cagaste, Burt Lancaster.»
Mezclaba expresiones de otro tiempo con anglicismos y neologismos que nadie sabía de dónde sacaba. Cuando pasaba por el Postigo decía que era «el Oviedo *underground*». Si no sabía dónde estaba alguien, decía que estaba *missing*. Usaba «manifa» o «cubata». Preguntaba qué era un *millennial* o un *hipster* –a mí me llamaba «pijippie»–. Sabía quiénes eran Lady Gaga o Kim Kardashian. Cinco días antes de morir, habló de bitcoins. Cuando empezó a utilizar WhatsApp, no sabía poner la diéresis, así que añadía un «con diéresis» detrás de las palabras que debían llevarla. Si un coche

pasaba por la calle a demasiada velocidad, lo interpelaba: «¡¿Adónde vas, a Le Mans?!».

Amarillo a la genista

Le encantaba la música, especialmente la clásica. Se fijaba mucho en las letras de las canciones contemporáneas. *Mediterráneo,* de Joan Manuel Serrat, era su canción favorita; «...y amarillo a la genista», el verso que más le gustaba. Una vez, yendo en coche a Ribadesella, sonó *Y nos dieron las diez,* de Joaquín Sabina. Ella se puso a hablar con la radio: «Pero ¿qué esperaba? Después de un año en el que ni la llamó por teléfono ni nada, iba a estar ella esperando por él, como si fuera tonta. La canción es preciosa, pero no tiene sentido. Ten cuidado, chaval, te estás enamorando, dice... ¡Pues vaya mierda de enamoramiento, Sabina!».

«Si me veis con perro o con novio, llevadme al manicomio.»

Era otra de sus frases de cabecera. Pese a ser muy pragmática, aceptó con resignación que sus hijos acabaran conviviendo con dos perros y dos gatos. Preguntada sobre cuál era su favorito, decía: «Atún, porque es el único que no conozco». En su última semana, intentó caminar. No pudo. A los cuatro pasos se arrodilló y las personas que estaban con ella en ese momento no fueron capaces de levantarla. Le pusieron una almohada en el suelo y la tumbaron. Cuando llegamos, estaba tan tranquila mientras Milo, el perro de mi hermano, le lamía la cara. «Digno de Berlanga», dijo ella. El día antes de morir, la médica le preguntó si quería algo. «Un novio», contestó.

«Ser familiar no es invitar a comer.»
En los tiempos en los que todo el mundo dice lo mucho que quiere a todo el mundo, mi madre, de otra generación, no regalaba las palabras cariñosas a la familia. «Como te mueras corriendo una maratón, no voy a tu entierro. Y tampoco al tanatorio», le dijo una vez a mi hermano. Por la tarde, lo llamó para preguntarle cómo había ido la carrera y le dijo que, como en Oviedo estaba lloviendo y no había nada que hacer, tal vez hubiera subido al tanatorio. Era muy sincera y poco sentimental. En una ocasión, una señora que compartió sus penas –que si el marido, que si los hijos– en una conversación de calle se llevó un «Tú lo que tienes que hacer es rehacer tu vida», y dos palmadas en la espalda. Ante nuestros reproches, contestó: «¿Qué queríais, que le mintiera?».

«¿Cuál es el equivalente americano del suricato?»
Un día preguntó si tenía Google. Le dijimos que sí y ella contestó: «Ay, madre». Se pasaba el día preguntándole cosas al teléfono. Muchas veces, para solucionar los crucigramas. Cuando perdía algo, decía: «Parezco doña Google, todo el día buscando cosas». Se abrió un perfil de Facebook. Preguntaba si tenía Instagram –y si era gratis para mayores de 65 años–. Pedía que no le mandáramos fotos ni vídeos, para no gastarle los megas. Desde su habitación, de repente, se oía: «Oye, Google, ¿qué edad tiene Carlos Sobera?».

«Te noto mejor de la voz». «De la voz no me quejo.»
Mi madre enfermó en 2010. Bajando en el ascensor del antiguo hospital de Oviedo, me dijo entonces: «No me quiero morir», al tiempo que me cogía la mano y lloraba. Justo al

inicio de la pandemia, nos dijeron que le habían encontrado un mieloma. Pasó el confinamiento sola, haciendo trescientas veces el pasillo de casa para no perder demasiado la forma. Después, empeoró con mucha rapidez. Fue perdiendo el apetito y las fuerzas, y terminó moviéndose en una silla de ruedas. Agradecía llevar la mascarilla, porque decía que así la reconocían menos personas. Nunca se quejó de nada.

Llamó a varios amigos para despedirse. Era consciente de que se iba. Lo afrontó con entereza, tranquilidad y con sentido del humor. Lo único que pedía era no sufrir. Repartió las joyas entre sus tres nietas. A mí me preguntó que si quería alguna para los gatos. Pidió que el dinero de las coronas se destinara a la investigación. En los últimos días, estuvo acompañada en todo momento por sus tres hijos. Se apagó en la cama. En dos suspiros.

Mi madre se fue igual que había vivido: con mucha personalidad, estilo propio y la grandeza de lo cotidiano. En su envidiable manera de irse nos dijo, una vez más sin decirlo, lo mucho que nos quería a todos.

Para los que la conocimos, es casi una obligación recordarla con alegría, en alguna de sus múltiples ocurrencias. Y luego, si eso, ya nos contamos.

Seamos más gatos

«El sentido de la vida es una sensación táctil o un olor que llega de casualidad y, antes de que te hayas dado cuenta, ya se ha ido.»
JOHN GRAY

Hay una broma recurrente entre las personas que compartimos la vida con gatos. Cuando les compramos un regalo y viene en una caja, ellos se quedan con la caja. Ya podemos haberles traído el mejor rascador del universo o un ratón teledirigido que a ellos lo que más ilusión les hace es la caja. Da igual que sea grande o pequeña. Ese cuadrado de cartón ejerce sobre ellos una atracción magnética. Al final, nos preguntamos: ¿por qué no habrá nadie que venda directamente cajas vacías para gatos?

Más allá de los motivos reales de su pasión por las cajas –que son seres curiosos, principalmente, o que se sienten seguros en su interior– esa ilusión por el envoltorio denota una forma de estar en el mundo que define a los gatos: todo les ilusiona. Atún, por ejemplo, se emociona cuando me pongo a barrer. Persigue la escoba por la casa. Cuando saco el recogedor, se vuelve a emocionar y se sube encima. Y si después del recogedor saliera del armario de la limpieza algún otro utensilio, le parecería aún más divertido que el anterior. Y así seguiríamos en un bucle infinito de novedades domésticas ilusionantes.

A los gatos todo les parece bien. Lo que sucede, conviene, parecen pensar. Y eso hace que parezcan felices (y que quizás lo sean, vaya usted a saber). No saben de odios, ni de penas ni de desgracias.

En su interesantísimo ensayo *Filosofía felina*, el pensador inglés John Gray dice:

«Traen de serie una felicidad que los humanos por lo general no logran alcanzar.»

«Los gatos rara vez hacen algo que no sirva con un fin definido o les induzca un placer inmediato: son archirrealistas. Su respuesta ante la insensatez humana no es otra que dar media vuelta e irse a otra parte.»

«Sin embargo, al ser criaturas que se fían solamente de lo que pueden tocar, oler y ver, los gatos viven libres del imperio de las palabras.»

«Los gatos no necesitan examinar sus vidas, porque no dudan de que vivir valga la pena.»

Dice, obviamente, muchas más cosas, pero voy a parar ya de citarlo, porque creo que estoy rozando el plagio.

Gray desarrolla la idea de que los gatos transmiten esa imagen de elegante desapego y de ser los reyes del mundo porque no andan todo el día preocupados con la muerte o con alcanzar la felicidad. No tienen ningún problema en estar solos, contemplando cómo pasa el tiempo y, sobre todo, no se dedican a intentar entenderse o explicarse a sí mismos. No le buscan un sentido a la vida. Tampoco al sufrimiento. No tienen miedo a la oscuridad. Van avanzando sobre la marcha. No intentan hacer de su vida un relato, porque no se puede saber cuál será la siguiente línea. Ni la última.

Nunca se despojan de su naturaleza. Los gatos siempre son gatos.

Mi señora madre, licenciada en Filosofía y Letras, decía más o menos lo mismo que el señor Gray. Utilizaba, eso sí, palabras más directas y ejemplos más prácticos.

Cuando la echo de menos –sucede a menudo– o me pongo triste por el motivo que sea, recurro a su sabiduría.

Y así, con su consejo, se cierra este libro.

Seamos más gatos. Y no esperemos a hacernos mayores.

Plaza del Fontán. Oviedo
7 de marzo de 2022

Esta primera edición de *Días para ser gato*, de Pedro Zuazua Gil,
se terminó de imprimir en Grafica Veneta S.p.A. de Trebaseleghe (PD)
de Italia en abril de 2022. Para la composición del texto
se ha utilizado la tipografía Celeste diseñada por Chris Burke
en 1994 para la fundición FontFont.

Duomo ediciones es una empresa comprometida
con el medio ambiente. El papel utilizado para
la impresión de este libro procede de bosques
gestionados sosteniblemente.

PEFC/18-31-226

Este libro está impreso con el sol. La energía
que ha hecho posible su impresión procede
exclusivamente de paneles solares. Grafica
Veneta es la primera imprenta en el
mundo que no utiliza carbón.